500 Hidden Secrets

DUBLIN

BRUCKMANN

EINLEITUNG

Dieser Reiseführer ist für neugierige Besucher gedacht, die zum ersten Mal nach Dublin reisen. Und für wiederkehrende und/oder abenteuerlustige Besucher, die auf der Suche nach etwas Neuem sind. Die 500 Einträge in diesem Buch wurden nach langer Grübelei und dem Erstellen vieler Listen voller Sorgfalt ausgewählt.

Der Autor, der seit seiner Geburt in Dublin lebt, stellt hier natürlich einige Highlights vor, die Sie vielleicht schon kennen, zum Beispiel Dublin Castle oder St. Stephen's Green: Sie sind aus gutem Grund berühmt und zählen zu den wichtigsten Sehenswürdigkeiten der Stadt. Hinzu kommen aber auch viele eher unbekannte Attraktionen abseits ausgetretener Pfade, die den Leser sicher faszinieren werden, darunter eine Bar, die gleichzeitig ein Eisenwarenladen ist, oder die versteckte Gasse, die von der Dame Street aus zu einem farbenprächtigen Innenhof führt. Die Fundstücke in diesem Reiseführer sind weit mehr als nur die persönlichen Lieblingstipps des Autors. Dublin ist voller grüner Flächen, trendiger Enklaven und gemütlicher Ecken, und es war das erklärte Ziel, etwas Besonderes für jeden einzelnen Besucher zu finden.

Auch wenn Dublin im Hinblick auf Größe und Angebot nicht an Städte wie Berlin oder London heranreichen kann, hat die irische Hauptstadt auf ihre charmante Art viel Anziehungskraft und versprüht ihren ganz eigenen Charakter, was sich auf unterschiedlichste Art bemerkbar macht. Genießen Sie Dublin, eine Stadt der Gastfreundschaft, der guten Atmosphäre und der unvergesslichen Momente.

ÜBER DAS BUCH

Dieser Reiseführer listet 500 wissenswerte Tipps zu Dublin in 100 verschiedenen Kategorien auf. Meist handelt es sich um Orte, deren Besuch lohnenswert ist, sowie um praktische Informationen, die dabei helfen sollen, sich in der Stadt zurechtzufinden. Dieses Buch soll in erster Linie inspirieren, Dublin vollständig darzustellen ist nicht das Ziel.

Zu jedem Eintrag sind eine Nummer, die Adresse sowie der jeweilige Stadtteil (z. B. St. Stephen's Green & Grafton Street oder Temple Bar) angegeben, damit Sie die Orte auf den Karten am Anfang des Buches finden. Suchen Sie nach der Karte des entsprechenden Stadtteils und dann nach der Nummer. Hierzu ein wichtiger Hinweis: Die Karten sind nicht sehr detailliert und können deshalb nur einen groben Überblick geben. Einen genaueren Stadtplan erhalten Sie bei jeder Touristeninformation, im Hotel oder wenn Sie die entsprechende Adresse ins Smartphone eingeben.

Bitte denken Sie auch daran, dass eine Stadt wie Dublin sich ständig verändert – der hochgelobte Chefkoch hat vielleicht ausgerechnet bei Ihrem Besuch einen schlechten Tag, oder ein in diesem Buch als ausgezeichnet bewertetes Hotel hat inzwischen unter neuem Management vielleicht seine Qualität eingebüßt. Hinzu kommt: Die hier vorgestellte Auswahl ist eine sehr persönliche und wird nicht immer mit Ihrer eigenen übereinstimmen. Wenn Sie einen Kommentar hinterlassen, eine Bar empfehlen oder Ihren Lieblingsort verraten wollen, besuchen Sie bitte www.the500hiddensecrets.com (hier finden Sie auch Tipps und Infos zu dieser Buchreihe) oder folgen Sie @500hiddensecrets auf Instagram.

DER AUTOR

Shane O'Reilly verbindet mit Dublin Jahre voller warmherziger Erinnerungen und lustiger Abenteuer. Er überstand – irgendwie – die Rezession, erlebte aber mit, wie viele seiner Freunde nach und nach Irland verließen. Diese Erfahrung weckte in ihm ein neues Interesse an seiner Stadt. Interessiert beobachtete er, wie sich Dublin veränderte und weiterentwickelte, wie sich hier Feinkostgeschäfte und Craft-Bier-Brauereien, schicke Coffee-Bars, Pop-up-Läden und eine Donut-Revolution breitmachten.

Durch zahlreiche Höhen und Tiefen hindurch hielt er immer wieder Ausschau nach dem einen oder anderen Lichtstreifen am Horizont. Wenn es das Glück zuließ und er sich zufällig an einem dieser seltenen sonnigen Tage in der Stadt aufhielt, konnte man sichergehen, dass er diese Situation schamlos mit einem Drink in der Hand ausnutzte – wenn die Sonne scheint, gibt es nämlich keine bessere Stadt als Dublin.

Der Autor dankt Dettie, Hadewijch, Marc und dem restlichen Team bei Luster Publishers, das ihm bei der Recherche, der Verifikation von Informationen, dem Lektorat und Korrekturlesen behilflich war. Ein herzlicher Dank geht auch an Sam, mit dessen Fotos dem Buch erst Leben eingehaucht wurde, sowie an Wan Yi Chen, die ihn zu den vielen Coffeeshops, Kneipen, Boutiquen und Restaurants begleitet hat … jede Menge harte Arbeit »im Namen der Wissenschaft«. Nicht zuletzt soll all jenen gedankt werden, die den Autor mit Tipps und Ideen unterstützt haben. Auch wenn nicht alle in diesem Buch aufgegriffen werden konnten, waren sie doch allesamt sehr hilfreich.

DUBLIN
Übersicht

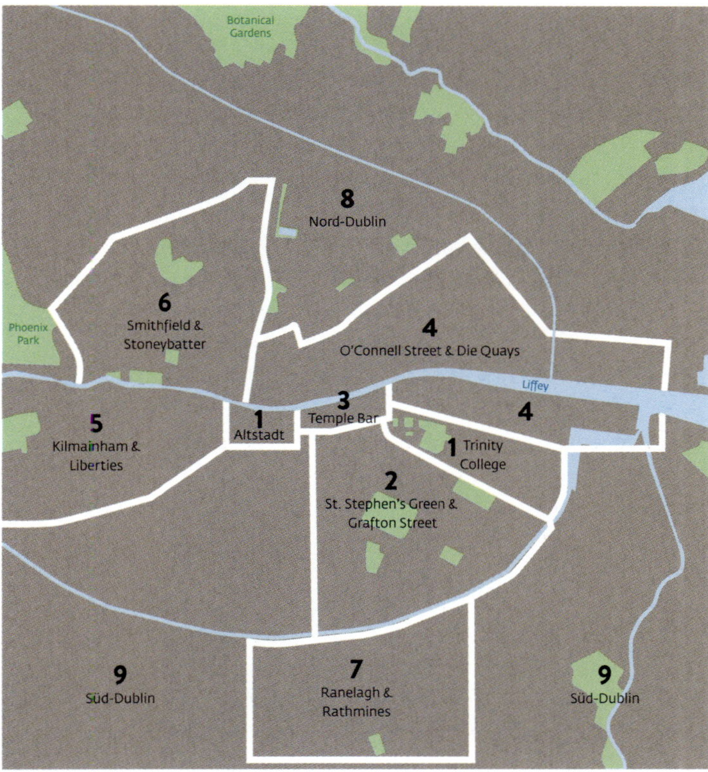

Karte 1 TRINITY COLLEGE *und* ALTSTADT

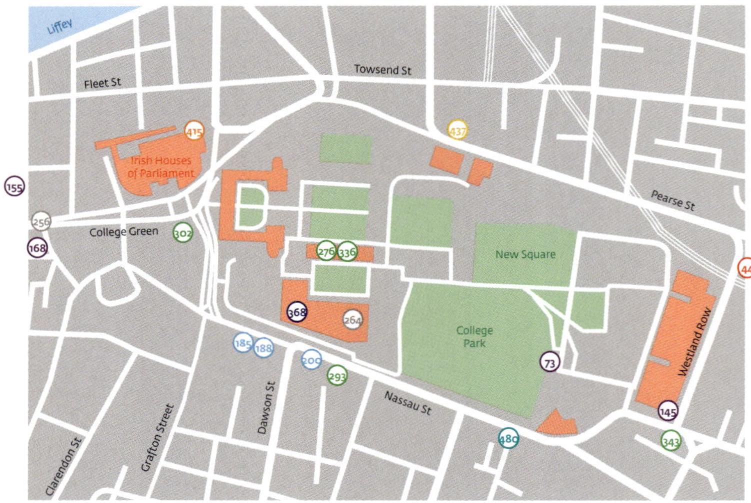

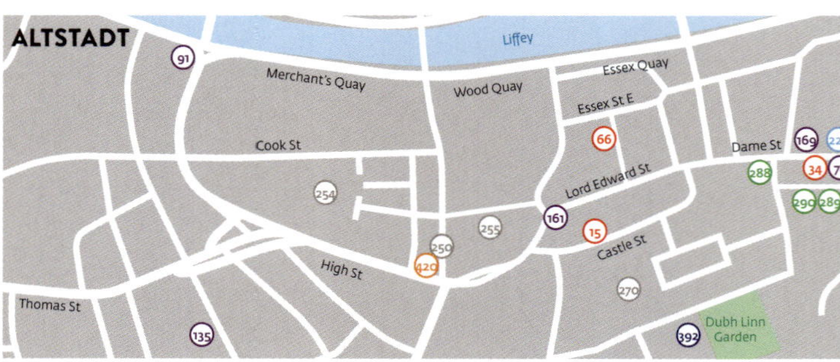

ESSEN – TRINKEN – SHOPPEN – GEBÄUDE – ENTDECKEN – KULTUR – KINDER – SCHLAFEN – WOCHENENDE – QUERBEET

Liffey
Pearse Station
Pearse St
37
Pearse Square Park
238
Erne Street Lower
Macken St
Grand Canal Quay
Grand Canal
Grand Canal Street Lower
Mount Street Lower
Marrion Square
359

Karte 2
ST. STEPHEN'S GREEN *und* GRAFTON STREET

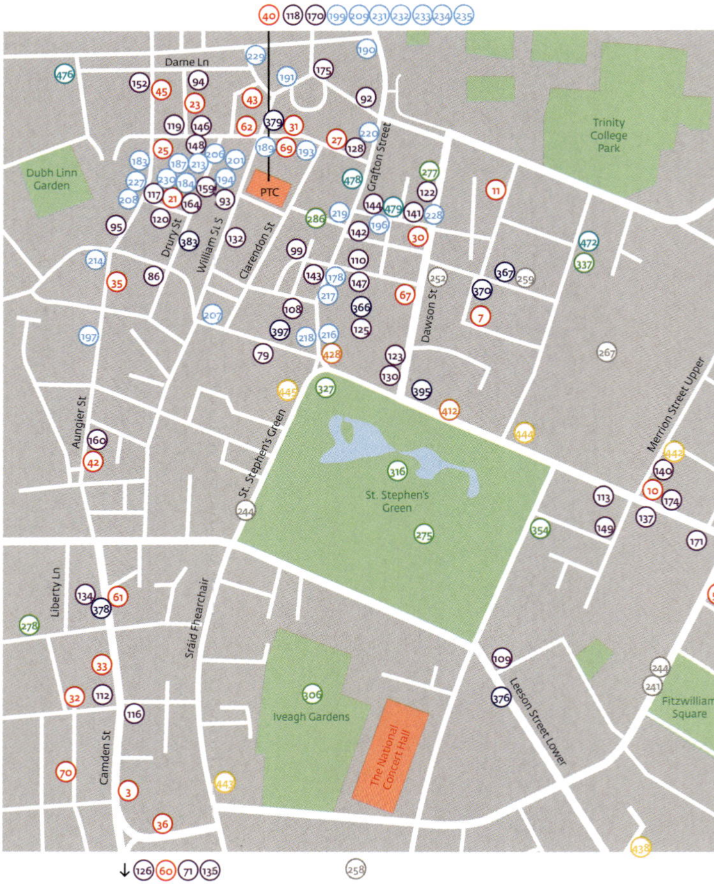

ESSEN – TRINKEN – SHOPPEN – GEBÄUDE – ENTDECKEN – KULTUR – KINDER – SCHLAFEN – WOCHENENDE – QUERBEET

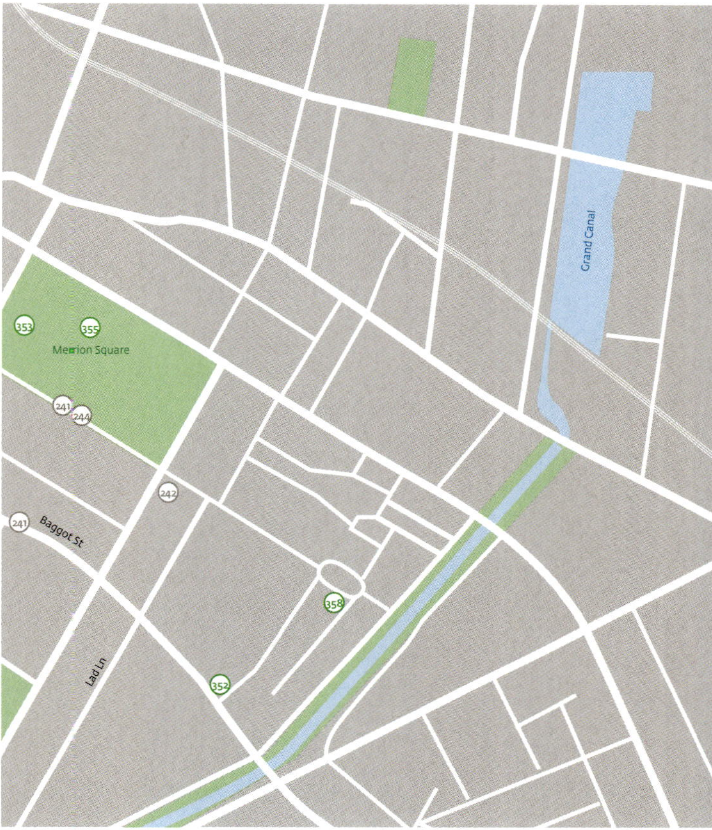
Grand Canal
353
355
Merrion Square
241
244
242
241
Baggot St
358
352
Lad Ln

Karte 3
TEMPLE BAR

ESSEN – TRINKEN – SHOPPEN – GEBÄUDE – ENTDECKEN – KULTUR – KINDER – SCHLAFEN – WOCHENENDE – QUERBEET

Liffey
Ha'penny Bridge
Aston Quay
Westmoreland St
Wellington Quay
Temple Bar
Fleet St
Bedford Row
Aston Pl
Crown Alley
Anglesea St
Cecilia St
Cope St
Irish Houses of Parliament
Temple Ln S
Crow St
Dame St
College Green
Trinity St
Dame Ln
Dame Ct
South Great George's St
167
435
97
279
22
63
287
225
4
172
17
369
177
26
104
54
103
192
223
433
121
105
221
292
181
100

Karte 4

O'CONNELL STREET *und* DIE QUAYS

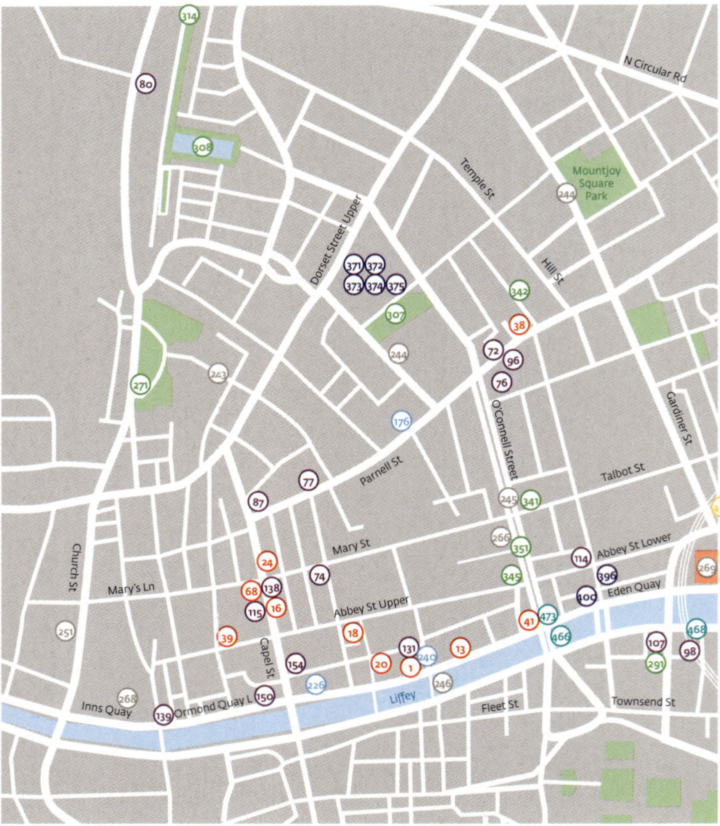

ESSEN – TRINKEN – SHOPPEN – GEBÄUDE – ENTDECKEN – KULTUR – KINDER – SCHLAFEN – WOCHENENDE – QUERBEET

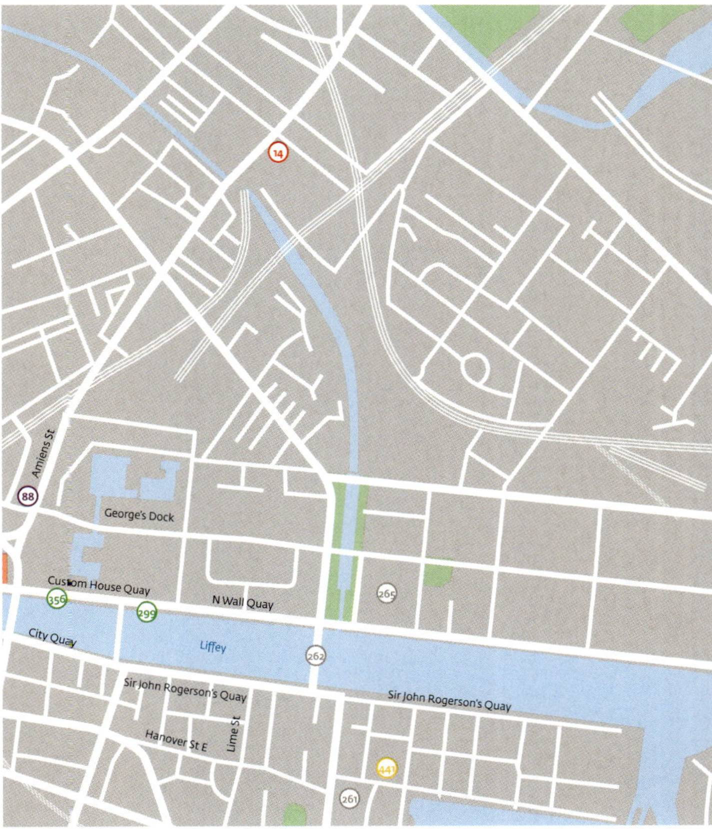
14
Amiens St
88
George's Dock
Custom House Quay
356
299
N Wall Quay
265
City Quay
Liffey
262
Sir John Rogerson's Quay
Sir John Rogerson's Quay
Hanover St E
Lime St
441
261

Karte 5
KILMAINHAM *und* LIBERTIES

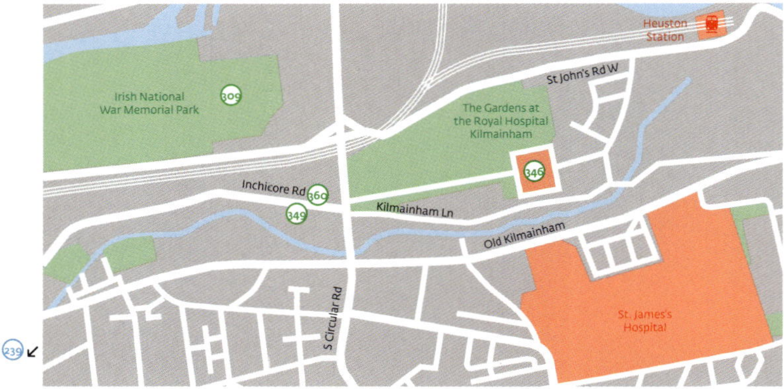

Karte 6
SMITHFIELD *und* STONEYBATTER

ESSEN – TRINKEN – SHOPPEN – GEBÄUDE – ENTDECKEN – KULTUR – KINDER – SCHLAFEN – WOCHENENDE – QUERBEET

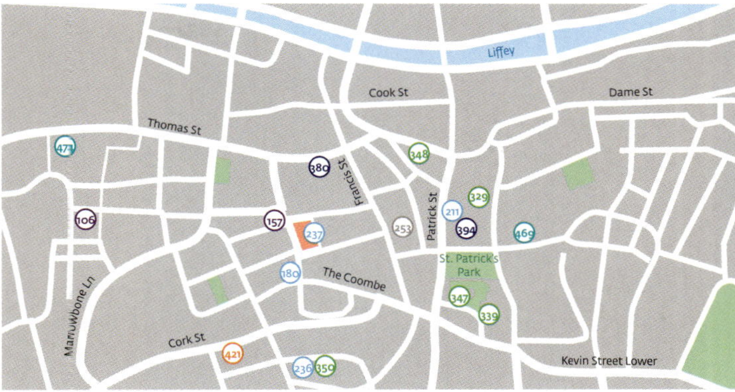

Karte 7
RANELAGH *und* RATHMINES

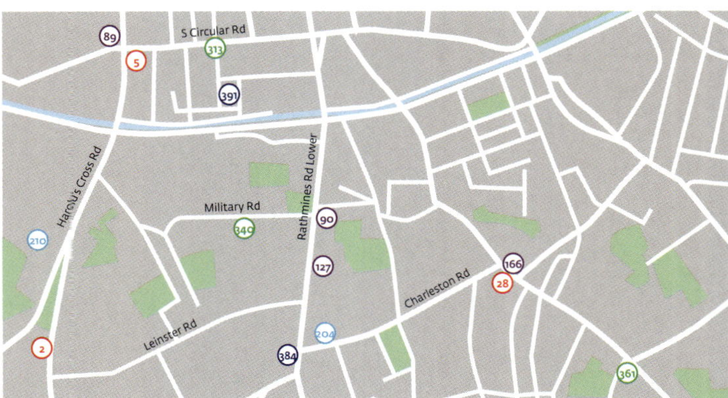

ESSEN – TRINKEN – SHOPPEN – GEBÄUDE – ENTDECKEN – KULTUR – KINDER – SCHLAFEN – WOCHENENDE – QUERBEET

Karte 8

NORD-DUBLIN

ESSEN – TRINKEN – SHOPPEN – GEBÄUDE – ENTDECKEN – KULTUR – KINDER – SCHLAFEN – WOCHENENDE – QUERBEET

ESSEN – TRINKEN – SHOPPEN – GEBÄUDE – ENTDECKEN – KULTUR – KINDER – SCHLAFEN – WOCHENENDE – QUERBEET

Karte 9
SÜD-DUBLIN

ESSEN – TRINKEN – SHOPPEN – GEBÄUDE – ENTDECKEN – KULTUR – KINDER – SCHLAFEN – WOCHENENDE – QUERBEET

ESSEN – TRINKEN – SHOPPEN – GEBÄUDE – ENTDECKEN – KULTUR – KINDER – SCHLAFEN – WOCHENENDE – QUERBEET

HIRING
QUEEN
TARTS

Sticky Toffee Pudding
DRINK COFFEE
Do Stupid Things Faster with More Energy
Farm

70 ORTE, UM GUTES ESSEN ZU GENIESSEN ODER ZU KAUFEN

Die 5 besten Restaurants für
IRISCHE KÜCHE

1 **THE WINDING STAIR**
40 Ormond Quay Lower
O'Connell Street &
Die Quays ④
+353 (0)1 872 7320
www.winding-stair.com

The Winding Stair ist nicht nur ein wunderschönes Buchgeschäft, sondern auch ein stadtbekanntes Restaurant. Hier gibt es einfallsreiche irische Gerichte, bei denen nur die besten Zutaten aus dem Umland zum Einsatz kommen. Das Winding Stair steht für eine Mischung aus Hausmannskost und moderner Finesse, wobei eine umfangreiche Auswahl an Weinen sowie Bier aus Mikrobrauereien nicht fehlen darf.

2 **CRAFT RESTAURANT**
208 Harold's Cross Road
Ranelagh &
Rathmines ⑦
+353 (0)1 497 8632
www.craftrestaurant.ie

Dieses soeben erst (2018) von Michelin Bib Gourmand ausgezeichnete Restaurant ist die Schöpfung von Chefkoch Philip Yeung, dessen Mission es ist, die traditionelle irische Küche modern zu interpretieren. Die Gäste des gemütlich-schlichten Restaurants haben die Wahl zwischen vielen einzigartigen und spannenden Gerichten, zum Beispiel gebackenem Seehecht, Rehkeule oder Thornhill-Ente. Dazu werden verschiedene eher ungewöhnliche Salate und Gemüsebeilagen gereicht.

3 **DELAHUNT**

39 Camden St Lower
St. Stephen's Green & Grafton Street ②
+353 (0)1 598 4880
www.delahunt.ie

Die Speisekarte dieses mehrfach mit dem Michelin Bib Gourmand ausgezeichneten Restaurants lässt alle Debatten über die Vorzüge der irischen Küche verstummen. Hier genießen die Gäste eine Auswahl unnachahmlicher Gerichte zu sehr erschwinglichen Preisen in einem äußerst gemütlichen Umfeld. Auch eine schöne Cocktailbar darf nicht fehlen.

4 **THE BOXTY HOUSE**

20–21 Temple Bar
Temple Bar ③
+353 (0)1 677 2762
www.boxtyhouse.ie

Mitten im Herzen von Temple Bar befindet sich das sehr irische Boxty House. Wenn Sie schon immer einmal echtes irisches Essen genießen wollten, dann sind Sie hier an der richtigen Adresse. Wärmendes und herzhaftes Dublin Coddle? Drei verschiedene Stews und irisches Brot? Aber klar doch! Zur Auswahl stehen außerdem jede Menge Lachs, Crab Cakes, Steak, Rindfleisch und Lamm.

5 **BASTIBLE**

111 South Circular Road
Ranelagh & Rathmines ⑦
+353 (0)1 473 7409
www.bastible.com

Selbst wer normalerweise nicht in einem modernen Stadtteil-Bistro essen geht, sollte trotzdem einmal das Bastible probieren. Hier erhalten Sie mit viel Liebe und Sorgfalt zubereitetes Essen aus Zutaten von regionalen Erzeugern. Das einfallsreiche Menü wird vom kreativen Küchenteam immer wieder neu zusammengestellt.

5 SUPERELEGANTE
Restaurants

6 **HERON & GREY**
19-A Main St, Blackrock,
Blackrock Market
Süd-Dublin ⑨
+353 (0)1 212 3676
www.heronandgrey.com

Dieses Restaurant war einmal eines der am strengsten gehüteten Geheimnisse in Dublin … bis ihm im Oktober 2016 ein Michelin-Stern verliehen wurde. Lassen Sie sich also nicht von der schnuckelig-gemütlichen Lage täuschen: Das Heron & Grey ist ein abenteuerlustiges Restaurant, das die Kulinarik ernst nimmt. Die zwei Speisekarten widmen sich den Themen »Land & See« sowie »Feld & Wald«. Den Tisch sollte man schon frühzeitig reservieren.

7 **ONE PICO**
5-6 Molesworth Court,
School House Lane
St. Stephen's Green &
Grafton Street ②
+353 (0)1 676 0300
www.onepico.com

One Pico bietet herrliches Essen, das nicht selten aus den ungewöhnlichsten Kombinationen besteht. Voll aufregender Geschmacksnoten, wird das Essen hier auf einzigartige Art und Weise und mit vielen Überraschungen serviert. Wie wäre es zum Beispiel mit Ente und Foie gras mit Trüffelgeschmack, Kürbisrisotto und Muscheln oder Sikahirsch mit einer Beilage aus verschiedenen Obst- und Gemüsesorten? Vorzüglich!

8 **FOREST AVENUE**
8 Sussex Terrace
Süd-Dublin ⑨
+353 (0)1 667 8337
www.forestavenue restaurant.ie

Das Paar, das früher sehr erfolgreich das französische Restaurant L'Ecrivain geleitet hat, begrüßt heute seine Gäste im Forest Avenue, einem warmen, nachbarschaftlichen Lokal. Hier werden saisonale Produkte in äußerst kreativen, teilweise auch dekadenten Kombinationen serviert. Gerüchten zufolge soll in nicht allzu ferner Zukunft die Originalität der Speisekarte mit einem Michelin-Stern belohnt werden.

6 **HERON & GREY**

9 MULBERRY GARDEN

Mulberry Lane
Donnybrook
Süd-Dublin ⑨
+353 (0)1 269 3300
www.newmulberry.
restaurantboomerang.com

Ganz versteckt in einer kleinen Seitenstraße in Donnybrook befindet sich ein traditionelles Cottage, in dem das Restaurant Mulberry Garden zu Hause ist. Ein starker Verfechter von Kultur und Geschichte, erhält man hier ausschließlich Speisen, deren Zutaten aus der Umgebung stammen: Wachteln, Garnelen, Butternut-Kürbis, Petersfisch oder Lammfleisch. Vom Tisch aus genießen die Gäste einen herrlichen Blick über Hof und Garten.

10 PEARL BRASSERIE

20 Merrion St Upper
St. Stephen's Green &
Grafton Street ②
+353 (0)1 661 3572
www.pearl-brasserie.com/
restaurant-dublin

Die Pearl Brasserie ist ein preisgekröntes Restaurant mitten in einem georgianisch geprägten Stadtteil Dublins. Hier wird die moderne französische Küche auf ein komplett neues Niveau erhoben. Mit seinem innovativen und äußerst kreativen Menü und seinem stilvoll gemütlichen Speiseraum ist es perfekt für kleinere Gruppenveranstaltungen oder ein romantisches Abendessen für zwei bei Kerzenschein.

Die 5 besten
ITALIENISCHEN
Restaurants

11 **DUNNE AND CRESCENZI**
16 Frederick St South
St. Stephen's Green & Grafton Street ②
+353 (0)1 677 3815
www.dunneandcrescenzi.com

Aus den Anfängen einer kleinen italienischen *alimentari* entwickelten Eileen Dunne und Stefano Crescenzi ein atemberaubendes, authentisch italienisches Restaurant. Die Speisekarte bietet vor allem reichhaltige traditionelle Gerichte mit kräftigen Geschmacksnoten, und die Kellner sind gern bei der Weinauswahl behilflich.

12 **ZERO ZERO PIZZA**
21 Patrick St
Süd-Dublin ⑨
+353 (0)86 300 5740
www.zerozeropizza.ie

Frisch zubereitete, echt neapolitanische Pizzen aus dem Holzofen. Nach dem Wechsel vom Verkauf an Marktständen hin zu diesem permanenten Standort hat sich Zero Zero Pizza in kürzester Zeit zu einem der kulinarischen Höhepunkte im Süden von Dublin entwickelt. Liebhaber von Fleischgerichten sollten unbedingt die Pizza al Salame probieren. Ebenfalls lecker, aber weniger kräftig im Geschmack ist die Pizza Siciliana.

13 TERRA MADRE

13-A Bachelors Walk
O'Connell Street &
Die Quays ④
+353 (0)1 873 5300
www.terramadre.ie

In diesem kleinen, gemütlichen, von Kerzenschein erleuchteten Lokal serviert ein italienisches Team einige der besten italienischen Gerichte der Stadt, von denen man noch Tage später schwärmen kann. Die Gnocchi und das Ragout sind einfach vorzüglich, und sogar das Bruschetta ist richtig lecker.

14 DA MIMMO

148 North Strand Road
O'Connell Street &
Die Quays ④
+353 (0)1 856 1714
www.damimmo.ie

In diesem kleinen, familienbetriebenen Restaurant arbeiten ganz besonders freundliche Menschen. Von der Größe des Lokals sollte man sich nicht täuschen lassen: Da Mimmo serviert eine riesige Auswahl an Gerichten, darunter allein 30 verschiedene Pizzen. Bestellen Sie sich unbedingt auch einen der selbst gemachten Dips!

15 BOTTEGA TOFFOLI

34 Castle St
Trinity College &
Altstadt ①
+353 (0)1 633 4022

Es ist nur schwer im Internet zu finden, und Sitzplätze sind auch kaum vorhanden, doch beides trägt höchstwahrscheinlich zum mystischen Flair der Bottega Toffoli bei. Hier kann man problemlos Küche, Tresen und Tisch gleichzeitig mit nur einer leichten Armbewegung anfassen, was dem Restaurant zweifellos jede Menge Charme verleiht. Das Essen ist immer außerordentlich lecker: Die Speisekarte wechselt täglich, wobei die Gerichte erst auf Bestellung frisch zubereitet werden. Ein unvergesslicher Genuss!

5 *leckere*
SPARHÄPPCHEN

16 **BROTHER'S DOSIRAK**
27 Capel St
O'Connell Street & Die Quays ④
+353 (0)87 771 4278
www.jnbcateringservices.com

Dieser koreanische Schnellimbiss im hinteren Bereich eines asiatischen Supermarkts könnte kaum authentischer sein. Für sieben, acht Euro erhält man eine riesige Portion Reis, Misosuppe, Fleisch nach Wahl und eine Palette an Beilagen – ein absolutes Schnäppchen und ein verstecktes Juwel. Wer mag, kann online bestellen und das Essen selbst abholen oder direkt vor Ort verzehren.

17 **STEAM KING**
HINTEN IM ZEITSCHRIFTENLADEN TEMPLE EXPRESS
4 Westmoreland St
Temple Bar ③
+353 (0)1 670 8200
www.steam2016.ie/roujiamo

Dies ist eines der bestgehüteten Geheimnisse der Stadt. An der Heißen Theke kann man sich bequem authentisches chinesisches Fast Food aussuchen. Vielleicht haben Sie ja noch nie ein *roujiamo* probiert (eine Mischung aus einem Bap und einem Bao)? Oder einen *jianbing* (eine knusprige Crêpe mit Ei und Frankfurter Würstchen)? Hier erhalten Sie gleich beides für unter zehn Euro. Und lecker ist es obendrein.

18 BOOJUM

Millennium Walkway
O'Connell Street & Die Quays ④
+353 (0)1 872 9499
www.boojummex.com

Der König der Burritos in Dublin. Und als ob das nicht schon ausreichen würde, gibt es bei Boojum dazu noch eine Riesenauswahl an scharfen Saucen, um so richtig einzuheizen. Mit jedem Bissen kann man eine neue ausprobieren. Der Preis liegt ungefähr bei zehn Euro pro Burrito inklusive einer Flasche Bier. Das braucht man, um das Feuer wieder zu löschen.

19 BAO HOUSE

34 Aungier St
St Stephen's Green & Grafton Street ②
+353 (0)85 872 7367
www.baoireland.com

Endlich gibt es in Dublin gute taiwanesische Küche! Wie könnte man sie besser kennenlernen als durch Bao? Bao, das sind weiche, himmlisch köstliche Brötchen, gefüllt mit zartem, geschmeidigem Fleisch, getränkt in ein aromatisches Gemisch aus Koriander, Erdnüssen und Soße. Unfassbar gut! Hier gibt es auch leckere Salate, Reisgerichte und vegane Speisen.

20 HAN SUNG

IM HINTEREN BEREICH DES ASIA-MARKTES
22 Great Strand St
O'Connell Street & Die Quays ④
+353 (0)1 887 4405

Der chinesisch-koreanische Imbissstand ähnelt der Heißen Theke einer Kantine, wo man große Portionen auf Tellern serviert bekommt, die man dann selbst mit dem Tablett an den Tisch bringt. Das Angebot besteht aus Gemüse- und Nudelgerichten sowie verschiedenen Variationen von Schmorgerichten und gebratenem Reis mit Kimchi. Erstklassiges Essen, alles für weniger als zehn Euro.

Die 5 authentischsten
ASIA-RESTAURANTS

21 **DUCK HONG KONG BBQ**
15 Fade St
St. Stephen's Green & Grafton Street ②
+353 (0)1 671 8484
www.duck.ie

Dieses authentische Hong-Kong-Grillrestaurant kocht mit dem sogenannten *bullet oven*. Das Ergebnis, eine herrlich knusprige Ente, zählt wahrscheinlich zu den leckersten Entengerichten in Dublin. Ursprünglich vor allem von Asiaten besucht, ist es heute eine Lieblingsadresse für all jene, die nach einer preiswerten und leckeren Alternative suchen.

22 **BANYI JAPANESE DINING**
3-4 Bedford Row
Temple Bar ③
+353 (0)1 675 0669
www.banyijapanese dining.com

Es sieht nicht nur aus wie ein echtes japanisches Restaurant, auch gekocht wird hier richtig japanisch. Das Banyi besteht aus zwei Räumen, getrennt durch einen traditionellen *shōji*. Der Pflaumen-Sake und die Ramen sind ein Muss.

23 **YAMAMORI IZAKAYA**
12-13 Great George's St South
St. Stephen's Green & Grafton Street ②
+353 (0)1 645 8001
www.yamamori.ie/ yamamori-izakaya

Dieses schummrig beleuchtete japanische Restaurant mit Bar ist warm und einladend; hier kann man bequem ganze Stunden verbringen. Die Speisekarte bietet unglaublich gutes authentisches Essen und Bier aus Japan. Auf einer großen Leinwand werden derweil alte japanische Filmklassiker gezeigt.

24 **AOBABA**
46-A Capel St
O'Connell Street &
Die Quays ④
+353 (0)1 878 8555

Das herrlich bunte Aobaba ist kaum zu übersehen und drinnen mindestens genauso farbenfroh. Lassen Sie die Tische links liegen und schnappen Sie sich lieber einen der Barhocker am Fenster. So können Sie beim Genuss eines echten *bánh mì* oder eines knusprigen *bun cha* prima die Leute draußen beobachten.

25 **GOOD WORLD RESTAURANT**
18 Great George's St South
St. Stephen's Green &
Grafton Street ②
+353 (0)1 677 5373
www.goodworldchinese restaurant.goldenpages.ie

Nehmen Sie Platz an einem der großen runden Tische mit weißer Tischdecke, bestellen Sie sich ein chinesisches Bier, probieren Sie dann das superweiche Dim Sum, das sensationelle Schweine-Congee und so weiter … und beobachten Sie, wie alles gleichzeitig zusammen mit Saucen und Beilagen an den Tisch gebracht wird. Herrlich traditionell!

21 DUCK HONG KONG BBQ

5 BURGER-LÄDEN,

die man nicht verpassen darf

26 **BUNSEN**
22 Essex St East
Temple Bar ③
+353 (0)1 559 9532
www.bunsen.ie

Bis vor Kurzem war es echt schwierig, Dublins besten Burger zu benennen. Und immer noch scheiden sich da die Geister. Aber das Bunsen gehört auf jeden Fall zu den Top 3. Einfachheit ist das Programm – es gibt keinen Bacon und es stehen nur zwei Burger zur Auswahl –, doch diese Einfachheit hat sich bereits ausgezahlt. Heute findet man in Dublin vier Filialen dieser empfehlenswerten Burger-Kette.

27 **WOWBURGER**
IN DER MARY'S BAR (UNTEN)
8 Wicklow St
St. Stephen's Green &
Grafton Street ②
+353 (0)1 670 8629
www.wowburger.ie

Hier stellt man sich an und bestellt sein Pint zusammen mit der Mahlzeit, nimmt ein Ticket und wartet dann darauf, dass die Nummer aufgerufen wird. Die Preise sind besser als anderswo (ungefähr zehn Euro für einen anständigen Burger mit Fritten), und man hat die Wahl zwischen zehn kostenlosen Zutaten. Probieren Sie auf jeden Fall einmal die Chilli-Fries und die Wowburger-Sauce. So gut!

28 DILLINGER'S

47 Ranelagh Road
Ranelagh & Rathmines ⑦
+353 (0)1 497 8010
www.dillingers.ie

Den besten Burger Dublins gibt es, so die Überzeugung vieler, im Dillinger's: einen unverschämt saftig-rauchigen Cheeseburger mit knusprigen Paprika-Zwiebeln, Gewürzgurken, dem perfekten Fleischanteil und einer kräftigen Tomatensauce. Die Fritten sind nichts Besonderes, aber es gibt davon immer eine große Portion. Perfekt für einen Brunch, ein Abendessen oder auch einfach nur mal zwischendurch.

29 BUJO BURGER JOINT

6-A Sandymount Green
Süd-Dublin ⑨
www.bujo.ie

Dieser ausgezeichnete Burger-Laden von nebenan macht wirklich alles richtig. Die Speisekarte ist kurz und bündig und der Bacon-Cheeseburger zählt zu den besten in Dublin. Dazu gibt es eine ausgezeichnete Auswahl an alkoholischen und nicht alkoholischen Getränken. Auch Beilagen wie die Rosmarin-Pommes oder die frittierten Gewürzgurken sind ein Muss.

30 FEATHERBLADE

51-B Dawson St
St. Stephen's Green & Grafton Street ②
+353 (0)1 679 8814
www.featherblade.ie

Dies ist kein gewöhnliches Burger-Restaurant, sondern vielmehr ein faszinierender Imbiss, den man unbedingt mal ausprobieren sollte – toll für Abenteuerlustige, die es eher schlicht mögen. Der hausgemachte geräucherte Burger fühlt sich ungemein wohl in seinem Brioche-Brötchen, wird mit Sauce Béarnaise bestrichen und von karamellisierten Zwiebeln gekrönt. Guten Appetit!

5 wunderbare Restaurants für
VEGETARIER

31 **CORNUCOPIA**
19–20 Wicklow St
St. Stephen's Green &
Grafton Street ②
+353 (0)1 677 7583
www.cornucopia.ie

Cornucopia gibt es schon seit 1986 – es ist daher heute schon so etwas wie eine irische Institution. Das Restaurant hat eine unglaublich warme und herzliche Atmosphäre. Die Portionen sind großzügig, und die Auswahl an Suppen und Hauptgerichten ist schon immer sowohl abenteuerlich als auch köstlich gewesen.

32 **SOVA FOOD VEGAN BUTCHER**
51 Pleasants St
St. Stephen's Green &
Grafton Street ②
+353 (0)85 727 7509

Der Sova Food Vegan Butcher ist nach vielen Jahren endlich vom Marktstand in ein permanentes Zuhause gezogen und bietet 100 Prozent pflanzliche Gerichte für Veganer an. Die Auswahl an supergesunden Optionen, von Säften bis hin zu vollen Mahlzeiten, wird immer beliebter und verführt selbst hartgesottene Fleischesser.

33 **MCGUINNESS TRADITIONAL TAKE AWAY**
84 Camden St Lower
St. Stephen's Green &
Grafton Street ②
+353 (0)86 823 0000

Man bekommt zwar immer noch das Übliche – Burger, Fish and Chips oder Kebabs –, aber mittlerweile auch eine gesündere Seite: Alle Fleischgerichte gibt es auf Wunsch auch als vegane Variante – und sogar eine vegane frittierte Wurst im Teigmantel.

34 **UMI FALAFEL**
13 Dame St
Trinity College & Altstadt ①
+353 (0)1 670 6866
www.umifalafel.ie

Am besten, Sie essen sich gleich durch das komplette Menü voll exotischer Geschmacksnoten oder stellen sich ein Falafel-Gericht nach eigenen Vorstellungen zusammen: Das selbst gemachte Hummus mit rotem Paprika zum Beispiel ist sehr lecker, ebenso das Hummus- oder das gegrillte Haloumikäse-Sandwich.

35 **GOVINDA'S**
4 Aungier St
St. Stephen's Green & Grafton Street ②
+353 (0)1 475 0309
www.govindas.ie

Govinda's ist ein nach Hare-Krishna-Prinzipien geführtes vegetarisches Restaurant an zwei Standorten in Dublin. Hier treffen europäische und indische Einflüsse aufeinander, sodass man nicht nur bekannte Suppen, vegetarische Burger und hausgemachte Brote und Dips erhält, sondern auch eine erstklassige Auswahl an Nachspeisen, Getränken, Lassi und reinigendem Shipibo Amazon Tee.

34 UMI FALAFEL

5 Orte für das ULTIMATIVE SANDWICH

36 DOUGHBOYS

2 Charlotte Way
St. Stephen's Green & Grafton Street ②
+353 (0)1 402 2000
www.doughboys.ie

Auch wenn es das Doughboys erst seit ein paar Jahren gibt, so zählt es doch bereits zu den erfolgreichsten Sandwich-Restaurants der ganzen Stadt. Sandwiches müssen schon irgendwie satt machen, und einige der hier angebotenen Exemplare können das auf jeden Fall. Probieren Sie doch einmal das Porchetta (immer donnerstags und freitags) oder das Italian Sub und das Club Dough (an allen anderen Tagen).

37 THE PIG & HEIFER

151 Pearse St
Trinity College & Altstadt ①
+353 (0)1 675 3714
www.pigandheifer.ie

Hier kommt Dublins Version des New Yorker Deli, und dazu auch gleich eine riesige Auswahl samt fairer Preise – einfach klasse! Versuchen Sie am besten eine der großen, schwer zu essenden Sandwich-Kombinationen wie das Meatball- und Mozzarella-Kebab oder das Chorizo- und Feta-Kebab. Oder wagen Sie sich an einen der Klassiker wie das New York Reuben mit vielen Lagen echtem Pastrami.

38 **147 DELI**

147 Parnell St
O'Connell Street &
Die Quays ④
+353 (0)1 872 8481

Hier, im 147 Deli, geht es vor allem um sehr preisgünstige, aber trotzdem hochwertige Sandwiches voller toller Zutaten. Sowohl der Cheese-Steak- als auch der Sumach-Hähnchen-Wrap sind beide zwei sehr spannende Optionen, wenngleich das Reuben-Sandwich mit Corned-Beef zweifellos der unbestrittene Sieger bleibt. Halten Sie auch Ausschau nach den wöchentlich wechselnden Sonderangeboten.

39 **OXMANTOWN**

16 Mary's Abbey
O'Connell Street &
Die Quays ④
+353 (0)1 804 7030
www.oxmantown.com

Im Stadtteil Dublin 7 haben sich in den letzten Jahren jede Menge neuer kleiner Restaurants angesiedelt – und das Oxmantown ist definitiv eines, das man sich anschauen sollte. Zum Frühstück gibt es zum Beispiel ein Sandwich mit Blutwurst, und mittags kann man sich ein leckeres Schinken-Käse-Sandwich bestellen. Oder wie wäre es mit einem The Ruby, also einem leckeren Pastrami-Sandwich, bestehend aus Roggenbrot mit Sauerkraut, für 5,50 Euro?

40 **THE PEPPER POT**
IM POWERSCOURT CENTRE
South William St
St. Stephen's Green & Grafton Street ②
+353 (0)1 707 1610
www.thepepperpot.ie

Auf der Speisekarte von The Pepper Pot findet man etwas andere Gerichte als … nun ja … eigentlich auf jeder anderen Speisekarte der Stadt: Es gibt Törtchen, Bagels und große, sättigende Salate voller Fantasie wie zum Beispiel den Salat mit gegrilltem Ziegenkäse, Gubbeen-Chorizo und Strauchtomaten. Aber dann gibt es da auch noch das Sandwich mit gebackener Birne, Bacon und Cheddar. Bei einer solch verführerischen Auswahl ist einem am Ende eigentlich alles herzlich egal.

38 147 DELI

39 OXMANTOWN

Die 5 besten Cafés für
DONUTS

41 **THE ROLLING DONUT**
34 Bachelors Walk
O'Connell Street & Die Quays ④
+353 (0)1 534 5085
www.therollingdonut.ie

Was als kleiner Kiosk 1978 begann, ist heute ein gut gehendes Ladengeschäft – kein Wunder bei der Donut-Revolution, die gerade durch Dublin rollt. Dies sind die wahrscheinlich größten Donuts der Stadt. Sie kosten zwar etwas mehr als anderswo, aber die Auswahl ist umwerfend – selbst vegane sind erhältlich.

42 **AUNGIER DANGER**
37 Aungier St
St. Stephen's Green & Grafton Street ②
+353 (0)1 556 2021
www.aungierdanger.ie

Zu Beginn des Donut-Trends war das Aungier Danger das erste Café, das sich eine Fanbasis aufbauen konnte. Heute gibt es sie an zwei Standorten in der Stadt. Man sollte unbedingt die Oreo & Marshmallow- sowie die Nutella-Varianten probieren. Als leichtere Option empfiehlt sich die köstliche Kaffeewaffel.

43 **BOSTON DONUTS**
IM: ST. STEPHEN'S GREEN EINKAUFSZENTRUM
Unit C15
St Stephen's Green & Grafton Street ②
+353 (0)83 875 5426
www.bostondonuts.ie

Dieses große, helle und geräumige Café erinnert sehr an amerikanische Donut-Läden vergangener Dekaden der Marke Dunkin' Donuts. Es ist vielleicht ein wenig teurer, dafür aber mit einer Riesenauswahl … und die Sonderangebote gleichen das Ganze wieder aus.

44 OFFBEAT DONUT CO.

AM PEARSE STATION

Westland Row

Trinity College & Altstadt ①

+353 (0)1 670 6164

www.offbeatdonuts.com

Neben seiner praktischen Lage direkt am DART-Bahnhof hinter dem Trinity College (und einer zweiten Filiale am George's Quay) besticht das Offbeat Donut Co. mit den wahrscheinlich besten Donuts der Stadt – vom Ferrero Rocher Donut über den Donut mit dunklem Zartbitterüberzug bis hin zu Klassikern wie Red Velvet und Zimt-Zucker-Donut.

45 KRÜST BAKERY

5-6 Great George's St South

St. Stephen's Green & Grafton Street ②

+353 (0)1 551 7622

www.krustbakery.ie

Eine Bäckerei, in der auch ganz normale Backwaren angeboten werden. Aber insbesondere die Donuts können sich sehen lassen. Es gibt sogar Cronuts, eine herrliche Mischung aus Donut und Croissant. Hier liegen sie, mit Zuckerguss veredelt, all diese luftigen Lagen, die nur darauf warten, von Ihnen verzehrt zu werden.

44 OFFBEAT DONUT CO.

5 außergewöhnliche Lokale
AUSSERHALB DES STADTZENTRUMS

46 **CHINA SICHUAN**
IM FORUM
Ballymoss Road
Süd-Dublin ⑨
+353 (0)1 293 5100
www.china-sichuan.ie

Sowohl die Inneneinrichtung des Lokals als auch die Präsentation der Gerichte sind ein Anblick, den man so schnell nicht vergessen wird. Oft als eines der besten asiatischen Restaurants in Irland bezeichnet, gibt es hier schmackhafte chinesische Gerichte, die fachmännisch zubereitet werden. Die Speisekarte bietet einzigartige Überarbeitungen klassischer Gerichte wie Seeteufel und Ente sowie vielleicht etwas weniger offensichtliche Optionen wie Hummer, Seezunge und Lammkarree.

47 **GUINEA PIG**
17 Railway Road,
Dalkey
Süd-Dublin ⑨
+353 (0)1 285 9055
www.guineapig.dalkey.info

Vor über 60 Jahren eröffnete das Guinea Pig im Zentrum des denkmalgeschützten Ortes Dalkey, dessen Stadtbild hübsche Hängekörbe mit Topfblumen bestimmen. Sein Ruf als Restaurant mit köstlichen Gerichten direkt vom Meer auf den Teller hat schon immer jede Menge Prominente angelockt (und wird das wohl auch weiterhin). Buchen Sie Ihren Tisch frühzeitig und mischen Sie sich ab 17.30 Uhr unter die illustren Gäste.

48 RASAM

18–19 Glasthule Road
Süd-Dublin ⑨
+353 (0)1 230 0600
www.rasam.ie

Es gibt nicht besonders viele gute indische Restaurants in Dublin, vielleicht zwei oder drei. Das Rasam, mehrfach ausgezeichnet, ist ohne Zweifel das beste, denn hier verbinden sich hochkarätige Kochkunst und authentische indische Küche. Das Personal ist hilfsbereit und die Speisekarte vollgestopft mit einer großen Auswahl klassischer Gerichte sowie verschiedenen vegetarischen und veganen Alternativen.

49 CAVISTONS RESTAURANT

58–59 Glasthule Road,
Sandycove
Süd-Dublin ⑨
+353 (0)1 280 9245
www.cavistons.com/restaurant

Auf der einen Seite ein tolles Delikatessengeschäft, auf der anderen ein preisgekröntes Fischrestaurant mit köstlichen Gerichten, deren Zutaten keinen Kilometer entfernt gefangen wurden. Dieses familienbetriebene Restaurant, das auf 70 erfolgreiche Geschäftsjahre zurückblicken kann, ist einfach legendär. Die Kellner sind freundlich und sachkundig, wenn es darum geht, den perfekten Wein für das Gericht auszuwählen.

50 STOOP YOUR HEAD

19 Harbour Road
Townparks, Skerries
Nord-Dublin ⑧
+353 (0)1 849 2085
www.stoopyourhead.ie

Dieses fantastische, familienbetriebene Fischrestaurant in Skerries befindet sich direkt am Meer. Es ist nicht möglich, einen Tisch vorher zu reservieren, weshalb man schon früh erscheinen sollte. Wenn bereits alle Tische besetzt sind, kann man bei einem Drink an der Bar warten. Probieren Sie hier zum Beispiel die Krabbenscheren oder die Garnelen in Knoblauchbutter aus der Dublin Bay.

5 FISCHRESTAURANTS
zum Schlemmen

51 **FISH SHOP**
6 Queen St
Smithfield & Stoneybatter ⑥
+353 (0)1 430 8594
www.fish-shop.ie

Fish Shop wird allgemein als eines der wichtigsten Restaurants der Dubliner Gastronomieszene gehandelt. Bei den Zwei-Gänge-Menüs zu Mittag und den Drei- bis Vier-Gänge-Menüs am Abend liegt der Fokus auf lokal gefangenen Meeresfrüchten der Saison. Herrlich zubereitet wird übrigens nicht nur der Fisch, auch die Gemüsebeilagen schmecken einfach fantastisch.

52 **THE OAR HOUSE**
8 West Pier, Howth
Nord-Dublin ⑧
+353 (0)1 839 4568
www.oarhouse.ie

Noch frischere Meeresfrüchte als im Oar House? Das ist schier unmöglich! Vom Meer gelangen sie direkt in die Küche des auf dem Pier gelegenen Restaurants. Und: Die umfangreiche Auswahl an Gerichten ist zu vernünftigen Preisen erhältlich.

53 **MATT THE THRESHER**
31-32 Pembroke St
St. Stephen's Green & Grafton Street ②
+353 (0)1 676 2980
www.mattthethresher.ie

Diese mehrfach ausgezeichnete Meeresfrüchtebar mit Grill serviert täglich fünf bis sechs unterschiedliche Fischgerichte; die Angebote werden jeden Tag zweimal aktualisiert. Empfehlenswert sind der mächtige Fisch-Pie oder die Meeresfrüchteplatte für zwei – unbeschreiblich.

54 KLAW

5-A Crown Alley
Temple Bar ③
+353 (0)1 549 3443
www.klaw.ie

Ja, es ist eher klein. Ja, es ist ziemlich eng. Und ja, es liegt mitten in Temple Bar – nicht gerade die Hochburg für Fischgenuss. Aber im Klaw bekommt man einige der besten Schnellimbissgerichte der Stadt – Crab Mac'N'Cheese zum Beispiel. Es gibt sogar eine Happy Hour für Austernfreunde (täglich 17 bis 18 Uhr).

55 OCTOPUSSY'S

West Pier, Howth
Nord-Dublin ⑧
+353 (0)1 839 0822
www.octopussys.ie

Dieses Lokal ist das spannende Ergebnis einer Verbindung, die alle lieben werden: Meeresfrüchte und Nudeln. Direkt am Wasser gelegen, liefert das Octopussy's den tollen Ausblick auch gleich mit. Natürlich gibt es Austern und Garnelen (vier verschiedene Arten). Hinzu gesellen sich dann noch Octopus und Kalmar, junge Sprotten, Muscheln, Weißfische und Dutzende Schalentiere.

54 KLAW

5 *Märkte für* STREETFOOD

56 **BLACKROCK MARKET**
19-A Main St, Blackrock
Süd-Dublin ⑨
+353 (0)1 283 3522
www.blackrockmarket.com

Der Blackrock Market befindet sich in einer kleinen Seitenstraße, die sich zu einer Reihe von kleinen Innenhöfen und Ständen hin öffnet. Die Händler hier bieten eine Mischung aus gebrauchten Büchern, Kunstwerken und Antiquitäten an. Erstklassiges Essen darf natürlich nicht fehlen (Ciamei Cafe, 3 Leaves, Lebanese Tapas, Shaka Poké). Geöffnet jeden Samstag, Sonntag und an gesetzlichen Feiertagen, wenn sie auf einen Montag fallen.

57 **PEOPLE'S PARK FARMERS MARKET**
Park Rd, Dun Laoghaire
Süd-Dublin ⑨
www.dunlaoire.com/sundaymarket

Dieser Sonntagsmarkt im Park ist ein absoluter Publikumsmagnet, nicht zuletzt, weil er sich in unmittelbarer Umgebung zur Küste, dem Pier und der berühmten Teddy's Eisdiele befindet. Doch die Imbissstände sind an dem Erfolg bestimmt nicht unschuldig. Hier bekommt man viele verschiedene Gerichte, von der sehr begehrten Falafel und typischen Grillburgern bis hin zu asiatischen Gerichten, Käse, Saucen, Backwaren und Süßigkeiten. Nicht essbare Bücher und Kunsthandwerk sind ebenfalls erhältlich.

58 HOWTH FARMERS MARKET

3 Harbour Road, Howth
Nord-Dublin ⑧
+353 (0)1 839 4141
www.howthmarket.ie

Der im hübschen Küstenvorort Howth gelegene Markt findet jedes Wochenende statt. Hier werden in der Region angebaute Lebensmittel sowie irische Designerware und Kunsthandwerk angeboten. Es gibt fünf Ladengeschäfte und eine immer wieder wechselnde Kollektion an Ständen, die von leckeren Gourmetgerichten über Sandwiches bis zu Kuchen und süßen Leckereien alles verkaufen.

59 TEMPLE BAR FOOD MARKET

Meeting House Square
Temple Bar ③
+353 (0)1 677 2255

Auf so einem kleinen Platz können sich tatsächlich jede Menge köstlicher Dinge verstecken. Insider zieht es meist direkt zu Liliput Artisan Food – kein Wunder, sehen die ganzen Käse, spanischen Würste und portugiesischen Fischdosen doch allzu verlockend aus. Vielleicht möchten Sie aber doch lieber an der Austernbar schmausen, ein Crêpe oder chinesische Klöße bestellen? Wie auch immer Sie sich entscheiden, wir können es verstehen.

60 EATYARD

9-10 Richmond St South
St. Stephen's Green &
Grafton Street ②
+353 (0)1 906 0218
www.the-eatyard.com

Wenn sich die Sonne hinter den Wolken hervorwagt, was in Dublin eher selten geschieht, kann dieser Markt am Wochenende ganz schön voll werden; aber ein Besuch lohnt sich eigentlich immer. Den Eatyard findet man im hinteren Bereich des Bernard Shaw Pubs. Hier trifft man auf eine bunte Mischung aus ständig wechselnden Händlern. Box Burger und Just Wing It sind die einzigen Ausnahmen – sie sind hier immer vertreten.

5 Restaurants mit
ESSEN AUS ALLER WELT

61 **LAS TAPAS DE LOLA**
12 Wexford St
St. Stephen's Green & Grafton Street ②
+353 (0)1 424 4100
www.lastapasdelola.com

Eine Irin und eine Spanierin schlossen sich vor einiger Zeit zusammen und brachten dabei das Flair Barcelonas bis ins Herz Dublins. Wir wagen zu behaupten, dass das Essen hier mindestens so gut ist wie alles, was man in Spanien finden kann. Die Chorizo und die spanische Blutwurst sind etwas ganz Besonderes, ebenso die Spezialität des Hauses, Schweinebacken. Sogar die *patatas bravas* sind unübertroffen. Phänomenal!

62 **THE GREEN HEN**
33 Exchequer St
St. Stephen's Green & Grafton Street ②
+353 (0)1 670 7238
www.thegreenhen.ie

Der warme Lichtschein, der von den Fenstern dieses Restaurants nach draußen fällt, lockt immer wieder Passanten von der Straße herein. Hier entdecken Sie eine herrlich ungezwungene Atmosphäre, die toll ist für ein romantisches Abendessen zu zweit. Die Küche ist eine Mischung aus irischen und französischen Einflüssen, die vor Lachs, Charcuterie, Foie gras und Schweinefleisch nicht haltmachen. Dies klappt ausnehmend gut. Für Veganer gibt es ebenfalls eine erfreuliche Auswahl.

63 **CHAMELEON**

1 Fownes St Lower
Temple Bar ③
+353 (0)1 671 0362
www.chameleon restaurant.com

Das Chameleon hat sich auf indonesisch-asiatische Tapas und eine Auswahl an festen Menüabfolgen spezialisiert. Es ist ein Kind der Liebe, mit Leidenschaft von einem Ehepaar betrieben, dessen harte Arbeit sich in jedem Fall auszahlt, wie das Lob vieler Kritiker beweist. Die spannenden Gerichte sorgen für einen unterhaltsamen Abend, teilweise auch dank des ungewöhnlichen Dekors.

64 **KINARA**

318 Clontarf Road
Nord-Dublin ⑧
+353 (0)1 833 6759
www.kinara.ie

Das Kinara ist für seine leckeren pakistanischen Gerichte bekannt. Hier werden Düfte und Gewürze beim Kochen großzügig eingesetzt, zum Beispiel Kardamom, Nelken, Muskat und Pfeffer. Zur Auswahl stehen Lamm- und Rindfleischgerichte sowie Spezialitäten vom Grill. Der atemberaubende Blick auf die Dublin Bay ist natürlich auch ein großer Pluspunkt.

65 **MONTYS OF KATHMANDU**

28 Eustace St
Temple Bar ③
+353 (0)1 670 4911
www.montys.ie

Jeder sollte mindestens einmal in seinem Leben nepalesisches Essen gegessen haben. Und wer es bislang noch nicht probiert hat, sollte seine ersten Erfahrungen im Montys machen. Die Speisekarte bietet viele Gerichte zum Teilen und Ausprobieren. Wenn Sie noch niemals *peshwari nan* oder *kulcha* probiert haben, bestellen Sie auf jeden Fall diese beiden Optionen – sie sind einfach spektakulär. Kombinieren kann man das Ganze mit Pilz- und Erbsenreis, Riesengarnelen und Lamm *babari* für zwei. Fertig!

5 *Orte, wo man* LECKERE DESSERTS *findet*

66 **QUEEN OF TARTS**
Cow's Lane, Dame St
Trinity College & Altstadt ①
+353 (0)1 633 4681
www.queenoftarts.ie

Das Schoko-Birnen-Mandeltörtchen ist vielleicht ein bisschen mächtig, aber einfach superlecker … wie eigentlich so ziemlich alles in diesem wunderschönen Café der Verführungen. Lassen Sie sich von der eleganten Präsentation nicht abschrecken. Die Preise sind angesichts der erstklassigen Qualität sehr moderat.

67 **DOLCE SICILY**
43 Dawson St
St. Stephen's Green & Grafton Street ②
+353 (0)86 840 7360
www.dolcesicily.ie

Im Dolce bekommt man nicht nur Desserts, sondern auch leckeres Frühstück, Brunch, Mittag- und Abendessen. Aber wenn Sie auf der Suche nach den besten Torten, Biskuitkuchen, dem besten Tiramisu, Gelato und Cannoli sind, dann sind Sie hier richtig. Hoch lebe die Dekadenz!

68 **BROTHER HUBBARD**
153 Capel St
O'Connell Street & Die Quays ④
+353 (0)1 441 1112
www.brotherhubbard.ie

Bei Brother Hubbard findet man alles, was irgendwie krümelt, knuspert und klebt. Die Brownies sind einfach unnachahmlich und kommen in Geschmacksvarianten wie Erdnussbutter und Gelee oder belgische Schokolade … Probieren Sie auch die Kuchenstücke, am besten jedes Einzelne!

69 MURPHY'S ICE CREAM

27 Wicklow St
St. Stephen's Green &
Grafton Street ②
+353 (0)1 86 031 0726
www.murphysicecream.ie

Seit über 17 Jahren macht Murphy's jetzt schon sein eigenes Eis in der Stadt Dingle, County Kerry. Die Filiale in Dublin wurde erst vor Kurzem eröffnet. Hier gibt es zwar nur circa zwei Wochen Sonne im Jahr, aber wenn sie sich dann mal zeigt, formt sich auch gleich eine lange Warteschlange vor dem Murphy's. Eissorten wie Dingle Seesalz, Dingle Gin oder Erdnuss sind einfach unbeschreiblich gut.

70 THE CAKE CAFE

IM DAINTREE BUILDING
Pleasants Place
St. Stephen's Green &
Grafton Street ②
+353 (0)1 478 9394
www.thecakecafe.ie

Dies ist ein echter Geheimtipp für alle, die gern Kuchen essen. Dekadente, mächtige Schokokuchen treffen hier auf zarte und delikate Fruchttörtchen: Jedes der Gebäckstücke ist ein essbares Kunstwerk. Versuchen Sie unbedingt den Schoko- und Irish-Stout-Kuchen.

70 THE CAKE CAFE

THE
BLACK

Daily Special
LUNCH SPECIAL

105 ORTE FÜR EINEN DRINK

Die 5 besten

BIERGÄRTEN

71 **THE BARGE**
42 Charlemont St
St. Stephen's Green &
Grafton Street ②
+353 (0)1 475 1869
www.thebarge.ie

Auch wenn es im Barge mehrere Bars und Disconächte gibt, so ist es doch besonders das Kanalufer direkt vor der Tür, das im Sommer tagsüber und abends die Massen anzieht. Überall sitzen dann Leute verstreut oder pendeln abwechselnd mit einem Pint in der Hand zur Bar und zurück. Fast hat man das Gefühl, auf einem Festival zu sein.

72 **KIMCHI/HOPHOUSE**
160 Parnell St
O'Connell Street &
Die Quays ④
+353 (0)1 872 8318
www.hophouse.ie

Das freundliche Team im Hophouse ist einfach super, der Biergarten ein versteckter kleiner Innenhof mit vielleicht vier Bänken, wo man zusammen rauchen und trinken kann ... der perfekte Start in eine unterhaltsame Nacht – nicht zuletzt, weil eines der besten koreanischen Restaurants der Stadt zum Hophouse gehört.

73 **PAVILION BAR**
Trinity College Green
Trinity College & Altstadt ①
+353 (0)1 896 1279
www.ducac.tcdlife.ie/pavilion

Diese kleine Bar befindet sich neben einem Cricketplatz. Normalerweise holen sich hier Studenten des Trinity Colleges ihre Limos und Pints, aber auch Touristen und eigentlich jedermann ist hier willkommen. Je nach Wetter verteilen sich die Gäste über die Treppen und bis auf den Cricketplatz, eine grüne Oase, hinter der einige der schönsten Gebäude des Trinity-Viertels aufragen.

74 **THE CHURCH**
Junction of Mary St and Jervis St
O'Connell Street & Die Quays ④
+353 (0)1 828 0102
www.thechurch.ie

Ein profaniertes Kirchengebäude, das sich in der Nacht in einen Club verwandelt. Drum herum gibt es einen Biergarten, gut ausgestattet mit jeder Menge Bänken und Heizstrahlern. Das Pint ist nicht gerade billig, aber es gibt eine reiche Auswahl an Speisen und Getränken. Oft finden Grillfeste statt, und der Biergarten liegt zudem in Laufweite zu vielen bekannten Sehenswürdigkeiten.

75 **HORSE SHOW HOUSE**
34-36 Merrion Road, Ballsbridge
Süd-Dublin ⑨
+353 (0)1 668 9424
www.horseshowhouse.ie

Innen ein klassisch-moderner Pub, groß und hell, mit einer coolen Aviva Stadium Lounge und einem privaten Penthousebereich. Draußen gibt es einen gepflegten und hübsch gestalteten Biergarten mit Sitzbänken, Bierfässern für das Abstellen der Pints, einem Holzschnipselboden und Grills für die Schönwettertage.

Die 5 ultimativen

SPORTBARS

76 **THE LIVING ROOM**
Cathal Brugha St
O'Connell Street & Die Quays ④
+353 (0)1 872 7169
www.thelivingroom.ie

Dank ihrer ungefähr ein Dutzend Bildschirme, Billardtische, Spielautomaten, Shishas, dem Pizza-Imbiss und einem riesigen Biergarten mit dem größten Bildschirm der Stadt ist diese Bar das totale Sportevent-Mekka. Bei Rugby- und Fußballweltmeisterschaften kommen hier Leute aus aller Welt zusammen.

77 **WOOLSHED BAA & GRILL**
IM PARNELL CENTRE
Parnell St
O'Connell Street & Die Quays ④
+353 (0)1 872 4325
www.woolshedbaa.com/dublin

Das Woolshed ist gut für alle möglichen Sportarten: American Football, Tennis, Rugby, Fußball, lokale Sportarten und Basketball. Große Literkrüge für Bier und fettiges Essen sorgen für ein ganz klar amerikanisches Ambiente. Die Atmosphäre ist immer gut, ganz egal, was da eigentlich auf dem Bildschirm flackert.

78 **THE MERCANTILE**
28 Dame St
Trinity College & Altstadt ①
+353 (0)1 670 7100
www.mercantile.ie

Eine Late-Night-Bar. Toll für Konzerte. Romantisch, wenn man will, aber auch derb, dunkel und toll zum Leute-Kennenlernen. Es sind viele Bildschirme vorhanden. Und auch wenn es besonders samstags schnell voll wird, tanzt hier eigentlich immer der Bär.

79 SINNOTTS BAR

IM STEPHEN'S GREEN EINKAUFSZENTRUM

King St South
St. Stephen's Green & Grafton Street ②
+353 (0)1 478 4698
www.sinnotts.ie

Berühmt sowohl für seine fantastische Atmosphäre während der Rugbyspiele als auch für seine leckeren Bratengerichte. Rindfleisch, Stout und Rugby sind ja auch eine wunderbare Kombination. Das Publikum ist durchmischt – Touristen, Einheimische und Sportfans. Es lohnt sich, hier mal für ein gutes Pint und die tolle Atmosphäre vorbeizuschauen.

80 THE BACK PAGE

199 Phibsborough Road
O'Connell Street & Die Quays ④
+353 (0)1 535 5941
www.the-back-page.com

Da gibt es den Hauptbereich Clubhouse für Drinks und *craic* (Spaß). Dann den Sportsaal mit Fernsehern und Essen. Im Speisesaal kann man Pingpong, Brett- und Videospiele spielen. Und es gibt da noch den grünen Außenbereich mit Sitzen und Hängematten für einen Drink unter freiem Himmel. Ein super Laden!

76 THE LIVING ROOM

5 *Pubs*
AUSSERHALB DES STADTZENTRUMS

81 **JOHNNIE FOX'S PUB**
Glencullen
Süd-Dublin ⑨
+353 (0)1 295 5647
www.jfp.ie

Eine traditionelle irische Bar, die vor allem aufgrund ihrer Lage berühmt ist: Der höchste Pub Irlands befindet sich oben in den Bergen von Dublin. Das Fox's ist beinah 220 Jahre alt und bietet auch heute noch die einladende Wärme eines Torffeuers und ein gutes Guinness. An sieben Abenden die Woche spielt Livemusik. Über die Webseite kann man einen Shuttlebus bestellen.

82 **ARTHUR MAYNE'S**
48 Donnybrook Road
Süd-Dublin ⑨
+353 (0)1 218 7869

Das Arthur Mayne's ist einfach unvergleichlich. Viele alte Apothekenflaschen verwandeln den vorderen Bereich des Pubs in ein Kaleidoskop aus Farben. Auch innen ist die Einrichtung bemerkenswert. Mosaikfußböden treffen da auf polierte Holzmöbel und eine wilde Ansammlung aus Flaschen und Bieren. Und auch die Speisekarte ist sehr gut.

83 **THE HOLE IN THE WALL**

Blackhorse Avenue, Phoenix Park
Nord-Dublin ⑧
+353 (0)1 838 9491
www.holeinthewall.pub

Der in der Nähe des Phoenix Parks gelegene Pub ist ein durch und durch typisches Exemplar eines irischen Pubs. Von außen betrachtet sieht er mit seinen weißen Backsteinen und den schwarzen Holzbalken aus wie ein unglaublich lang gestrecktes Gebäude. Drinnen gibt es viele kleine Einzelheiten und Details, geräumig und doch gemütlich. Genau richtig zum Entspannen, Essen-Genießen und um das ein oder andere Craft-Bier oder Weinchen zu entdecken.

84 **JOHN KAVANAGH/ THE GRAVEDIGGERS**

1 Prospect Square, Botanic Gardens
Nord-Dublin ⑧
+353 (0)1 830 7978

Hinter diesem Pub steht das Lebenswerk von acht Generationen. Die 1833 eröffnete Kneipe ist auch heute noch gut im Geschäft. Ein typisch irischer Pub, komplett mit abgenutzten Holztischen, Barhockern, Bänken und Snugs. Solch eine Schlichtheit ist schon wieder beinah synonym mit Eleganz; ein Trend, wie man ihn immer öfter in irischen Pubs findet. Dieses Exemplar zählt auf jeden Fall zu den schönsten der Stadt.

85 **THE QUEENS BAR AND STEAK ROOM**

12 Castle St, Dalkey
Süd-Dublin ⑨
+353 (0)1 285 4569
www.thequeens.ie

Das Örtchen Dalkey selbst ist allein schon einen Ausflug wert. Das 1745 eröffnete Queens ist das gastronomische Herz dieses malerischen Ortes – perfekt für einen sonnigen Tag: Vorne gibt es jede Menge Sitzgelegenheiten (sehr beliebt, deshalb besser vorher schon einen Tisch reservieren), und im Hof hinten kann man sich gut einen Drink genehmigen.

5 *Pubs mit*
CRAFT-BIER

86 **P.MAC'S**
30 Stephen St Lower
St. Stephen's Green & Grafton Street ②
+353 (0)1 405 3653

P. Mac's ist ein totaler Hipster-Hotspot mit gleich einer ganzen Palette von Craft-Bieren im Angebot. Das Innendesign ist ein wenig verschroben: zusammengewürfelte Möbel, nicht aufeinander abgestimmte Stühle, Kerzen auf Simsen und Tischen. Das Licht ist gedämpft, beinahe romantisch, und sorgt für das perfekte Ambiente bei einem vergnüglichen Abend mit Freunden.

87 **THE BLACK SHEEP**
61 Capel St
O'Connell Street & Die Quays ④
+353 (0)1 873 0013
www.galwaybay brewery.com/blacksheep

Der Galway Bay Brewery verdanken wir in Dublin eine ganze Reihe von gastronomischen Highlights – so zum Beispiel The Black Sheep. Die Kneipe befindet sich in der Capel Street. The Black Sheep ist ein persönlicher Favorit, denn es ist warm, einladend, hat eine hervorragende Auswahl an Bieren und eine bodenständige Speisekarte. Ein tolles Lokal, in dem man gemütlich mehrere Stunden verbringen kann.

88 **THE BREW DOCK**
1 Amiens St, Mountjoy
O'Connell Street & Die Quays ④
+353 (0)1 888 1842
www.galwaybaybrewery.com

The Brew Dock ist Mitglied einer langen, erfolgreichen Kette von Mikrobrauerei-Bars aus Galway. Die Auswahl an Bieren ist gut: Das Sierra Nevada Hop Hunter ist zum Beispiel ein Ale mit Kick. Außerdem findet man hier viele erstklassige Biere aus Deutschland sowie das beste MacIvor's Cider aus dem County Armagh.

89 **57 THE HEADLINE**
56–57 Clanbrassil St L
Ranelagh & Rathmines ⑦
+353 (0)1 532 0279
www.57theheadline.com

Die Clanbrassil Street sollte man sich auf jeden Fall merken. Hier haben sich 2017 und 2018 jede Menge tolle Restaurants angesiedelt, und in deren Dunstkreis finden sich natürlich auch ein paar gute Bars und Kneipen. 57 The Headline ist ein ansprechendes Beispiel mit 24 irischen und internationalen Bieren vom Fass sowie vielen leckeren Gerichten für Feinschmecker.

90 **BLACKBIRD**
82–84 Rathmines Road Lower
Ranelagh & Rathmines ⑦
+353 (0)1 559 1940

Alle Möbel sehen aus wie aus zweiter Hand, ganz so wie in einer Berliner Kneipe. Und das ist auch gut so. Der Laden ist trendy, ohne überheblich zu erscheinen, und gleichzeitig ist dies im Moment die beste Bar in Rathmines. Der Schankraum ist weitläufig, doch es gibt viele Ecken, in denen man sich verstecken und die Zeit vertreiben kann. Kleine Bemerkung am Rande: Probieren Sie das herrliche Galway Hooker vom Fass.

5 klassische

IRISCHE PUBS

91 **THE BRAZEN HEAD**
20 Bridge St Lower, Merchant's Quay
Trinity College & Altstadt ①
+353 (0)1 677 9549
www.brazenhead.com

Im Jahr 1198 gegründet, ist dies offiziell Irlands ältester Pub und auch rein optisch ein äußerst ansprechendes Etablissement. Von außen betrachtet ähnelt das Lokal einer kleinen Burg oder Festung. Ein Fußweg führt in einen kleinen Innenhof mit Barhockern und Bartresen an beiden Seiten. Hier kann man ein leckeres Guinness bestellen und dazu auch gleich noch das passende irische Essen. Der Besuch ist ein absolutes Muss.

92 **O'DONOGHUE'S BAR**
15 Suffolk St
St. Stephen's Green & Grafton Street ②
+353 (0)1 677 0605
www.odonoghuesbar.ie

Kleiner Pub mit netten Fensterplätzen, gutem Bier, traditioneller Musik und vielen gedämpft beleuchteten Ecken und Tischen. Das O'Donoghue's ist ein perfekt gelegener Treffpunkt, denn alle wichtigen Einkaufsmöglichkeiten, Geldautomaten und zahlreiche Restaurants befinden sich in Laufweite. Und da die Bushaltestelle in der Nassau Street nur eine Gehminute entfernt ist, ist es genau richtig für einen letzten Absacker vor dem Heimweg.

93 GROGANS

15 William St South
St. Stephen's Green &
Grafton Street ②
+353 (0)1 677 9320
www.groganspub.ie

Das mitten im kreativen Herzen Dublins gelegene Lokal ist die Anlaufstelle, wenn am Wochenende mal die Sonne scheint. Dann sitzen die Gäste draußen auf den letzten verfügbaren Sitzplätzen und Treppen und die Pints werden auf Fensterbänken und allen freien Oberflächen abgestellt. Hier bekommt man auch einen leckeren überbackenen Käsetoast.

94 THE STAG'S HEAD

1 Dame Court
St. Stephen's Green &
Grafton Street ②
+353 (0)1 679 3687
www.louisfitzgerald.com/stagshead

The Stag's Head ist eine echte Schönheit, denn dieser viktorianische Pub ist ganz wunderbar erhalten. Hier treffen Mahagoni auf Granit, Mosaikfliesen auf weiche Ledersessel. Ein unglaublich beliebter traditioneller irischer Pub, der in der Vergangenheit schon viele Auszeichnungen einheimsen konnte. Einfach mal auf einen Pint vorbeischauen und die vielen kleinen Ecken und Winkel des Hauses näher erkunden.

95 THE LONG HALL

51 Great George's St
St. Stephen's Green &
Grafton Street ②
+353 (0)1 475 1590

Mit seinen roten Backsteinen, hübsch verarbeiteten Trennwänden und verschnörkelten Holzvertäfelungen ist dies ein weiteres viktorianisches Fundstück. Das 1766 gegründete Long Hall ist nach dem langen, schmalen Hauptraum benannt, der sich nach hinten hin zu einem größeren Raum öffnet. Neben vielen weiteren Berühmtheiten haben sich hier bereits Phil Lynott und Bruce Springsteen einen hinter die Binde gekippt.

5 typische
ROCKBARS

96 **FIBBER MAGEE'S**
80–81 Parnel St
O'Connell Street &
Die Quays ④
+353 (0)1 872 2575
www.fibbermagees.ie

Das Fibber Magee's ist eine klassische Rock- und Metalbar für alle Altersklassen. Das Stammklientel trifft sich immer am Haupttresen. Dahinter sind zwei Billardtische und eine kleine Bühne aufgebaut, wo regelmäßig Livebands in ohrenbetäubender Lautstärke spielen. Außerdem gibt es einen komfortablen Biergarten-/Raucherbereich.

97 **GYPSY ROSE ROCK & BLUES BAR**
5 Aston Quay
Temple Bar ③
+353 (0)87 109 4314

Wenn Sie heiße, verschwitzte, müffelnde, schwer alkoholisierte Hardrockbars mögen, dann ist diese hier genau richtig für Sie. Auf den beiden Tanzflächen gibt es auch ruhigere Momente mit Bluesmusik, aber meist wird hier richtig harter Rock gespielt. Das Publikum ist bunt gemischt und kommt in allen Formen und Farben.

98 **O'REILLY'S**

IM BAHNHOF TARA ST

2 Poolbeg St
O'Connell Street & Die Quays ④
+353 (0)1 671 6769
www.sublounge.ie

Leicht versteckt in einer Gasse unter dem Bahnhof Tara Street befindet sich diese mittelalterlich aussehende Bar. Sie ist perfekt für ein ruhiges Pint unter der Woche oder eine wilde Party am Freitag- oder Samstagabend. Dann strömen die Massen hierhin, um die billigen Getränkepreise und Sonderangebote zu nutzen. Ein lustiger Haufen aus Jung und Alt und allen Bereichen des Lebens.

99 **BRUXELLES**

99 BRUXELLES

8 Harry St
St. Stephen's Green &
Grafton Street ②
+353 (0)1 677 5362
www.bruxelles.ie

Wenn Sie die Statue von Phil Lynott in einer Nebenstraße der Grafton Street sehen, dann haben Sie auch gleichzeitig das Bruxelles gefunden. An der Hauptbar zu Ihrer Linken, wenn Sie den Laden betreten, ist ein typisch irischer Pub, unten finden sich zusätzlich noch zwei weitere Bars. Im Raum am Ende der Treppe wird überwiegend Indie-Musik gespielt, links gibt es vor allem Hard Rock und Metal. Ein dunkles, aber einladendes Lokal.

100 THE FOGGY DEW

1 Fownes St
Temple Bar ③
+353 (0)1 677 9328
www.thefoggydew.ie

Das am Eingang zum Temple-Bar-Viertel direkt am Central Bank Square gelegene Foggy Dew gibt es schon seit 1901. Es ist vor allem bekannt für seine Vermengung von Moderne und Traditionellem, für seine freundliche Atmosphäre und die tolle Musikauswahl. Gelegentlich finden hier an Freitagabenden spezielle Liveveranstaltungen statt, und samstags und sonntags legt ein DJ auf.

5 Lieblingspubs in
TEMPLE BAR

101 GARAGE BAR

10 Essex St East
Temple Bar ③
+353 (0)1 679 6543
www.garagebar.ie

Sie ist klein, aber oho! Auf den ersten Blick könnte man denken, es handele sich nur um eine weitere Hipster-Bar im Viertel. Doch im allgemeinen Chaos von Temple Bar ist die Garage Bar tatsächlich eine willkommene Oase der Coolness. Kräftige Primärfarben dominieren das Innere, gerahmte Musikalben schmücken die Wände. Die Preise sind fair, und es gibt sogar ein verführerisches Cocktailangebot.

102 FITZSIMONS

21–22 Wellington Quay
Temple Bar ③
+353 (0)1 677 9315
www.fitzsimonshotel.com

Wie in so vielen anderen Etablissements in Temple Bar kann man auch hier an einem Samstagabend ganz schön viel Geld lassen. Aber dafür bekommt man im Fitzsimons auch eine Menge geboten, zum Beispiel riesige Bildschirme für Sportübertragungen. Auf mehreren Etagen findet man einen Mix aus Gästezimmern, einem Restaurant, vier Bars, einem Nachtclub und einer Dachterrasse mit einem Ausblick, der sich sehen lassen kann. Toll für größere Gruppen.

103 THE OLD STOREHOUSE 3 CROWN ALLEY

Temple Bar ③
+353 (0)1 607 4003
www.theoldstorehouse.ie

Hier befinden wir uns im typischen Touristenviertel von Temple Bar. Der Laden ist laut und groß, bietet eine gute Auswahl an Gerichten und an jedem Abend Livemusik. Es gibt einen hübschen Biergarten, jede Menge kleine Snugs, um sich zurückzuziehen, sowie besonders am Wochenende eine lebhafte und unterhaltsame Atmosphäre.

104 THE TEMPLE BAR DISTILLERY STORE

47–48 Temple Bar
Temple Bar ③
+353 (0)1 672 5286
www.thetemplebarpub.com

Der Pub The Temple Bar Distillery Store ist eine sehr bekannte (und teure!) Touristenfalle, die man am besten in einem weiten Bogen umgeht. Doch die Whiskey Bar lohnt durchaus einen zweiten Blick. Dank der vielen verschiedenen Flaschen im Hintergrund leuchtet die Bar in warmen Orange- und Goldtönen – eine wahre Fundgrube für Liebhaber seltener Whiskeys aus aller Welt, inklusive irischem Poitin. Verköstigungen werden angeboten.

105 HIPPETY'S

Fownes St Upper
Temple Bar ③
+353 (0)1 535 7006

Das Hippety's kann man optisch gar nicht verfehlen, es sticht mit Leichtigkeit aus der Masse heraus. Draußen geht es kunterbunt zu, und drinnen sieht es aus wie das Wohnzimmer des Hutmachers von »Alice im Wunderland«. Verrückte Lampenschirme treffen auf zierliche Stühlchen und Kunst an den Wänden. Das Hippety's ist sowohl Weinbar als auch Restaurant und Kunstgalerie.

105 HIPPETY'S

Die 5 besten Orte für ein ANSTÄNDIGES GUINNESS

106 **GUINNESS STOREHOUSE**
St James's Gate
Kilmainham &
Liberties ⑤
+353 (0)1 408 4800
www.guinness-storehouse.com

Wer hier ein leckeres Guinness will, ist gut beraten, online zu buchen, um Wartezeiten zu vermeiden. Neben der Möglichkeit, an einer Tour teilzunehmen und das Museum zu besichtigen, gibt es noch die Gravity Bar, die Connoisseur Bar, die 1837 Bar & Brasserie sowie die Arthur's Bar.

107 **MULLIGAN'S**
8 Poolberg St
O'Connell Street &
Die Quays ④
+353 (0)1 677 5582
www.mulligans.ie

Zu den Stammkunden zählten einst Schriftsteller wie Seamus Heaney und James Joyce. Dieser typische Dublin Pub ist so berühmt für sein Guinness, dass man ihn auch im Volksmund die »Heimat des Pints« nennt – definitiv ein guter Ort für einen gepflegten Pint.

108 **NEARY'S**
1 Chatham St
St. Stephen's Green &
Grafton Street ②
+353 (0)1 677 8596
www.nearys.ie

Das Neary's blickt dank seiner Nähe zum Gaiety Theatre auf eine lange Verbindung mit den Künsten zurück – viele berühmte Leute sind hier die letzten 130 Jahre gewesen. Wenn möglich, sichern Sie sich den gemütlichen Snug hinter der linken Tür und genießen Sie dort ein perfekt gezapftes Guinness.

109 HARTIGAN'S

100 Leeson St Lower
St. Stephen's Green & Grafton Street ②
+353 (0)1 676 2280

Das Hartigan's ist alles andere als elegant. Es gibt zwar ein paar Bilderrahmen an den Wänden, die von längst vergangenen Zeiten künden, aber ansonsten wenig Schnickschnack. Und das ist irgendwie auch ganz schön. Eine schlichte und einfache Bar, wo man ganz zufällig auch noch eines der besten Guinness in Dublin bekommt.

110 KEHOE'S

9 Anne St South
St. Stephen's Green & Grafton Street ②
+353 (0)1 677 8312
www.louisfitzgerald.com/kehoes

Mitten im Herzen von Dublin in einer kleinen Seitenstraße der Grafton Street gelegen, ist dieser Pub ein echter Publikumsmagnet. Sehr gut möglich, dass Sie keinen Sitzplatz mehr finden, selbst draußen nicht. Aber das ist nur ein kleines Opfer angesichts der meisterhaft gezapften Pints und der energetischen Atmosphäre.

110 KEHOE'S

5 empfehlenswerte Bars für TRADITIONELLE IRISCHE MUSIK

111 THE COBBLESTONE

77 King St North
Smithfield & Stoneybatter ⑥
+353 (0)1 872 1799
www.cobblestonepub.ie

Dieses erstklassige Etablissement bezeichnet sich selbst gern als »alkoholisierter Pub mit einem Musikproblem«. Dank seiner Lage direkt am Smithfield Square findet sich eine Reihe von Restaurants und Hotels in bequemer Reichweite. Unterhaltung gibt's natürlich direkt vor Ort: An mindestens drei Abenden die Woche wird Livemusik gespielt.

112 DEVITTS

78 Camden St Lower
St. Stephen's Green & Grafton Street ②
+353 (0)1 475 3414
www.devittspub.ie

Einige der besten Musiker der Stadt treten hier jeden Donnerstag-, Freitag- und Samstagabend ab 21.30 Uhr auf. Da die Auswahl an Instrumenten und Gastmusikern unterschiedlich sein kann, sorgt die Musik immer wieder für Überraschungen.

113 O'DONOGHUE'S PUB

15 Merrion Row
St. Stephen's Green & Grafton Street ②
+353 (0)1 660 7194
www.odonoghues.ie

Sieben Tage die Woche spielen die verschiedensten Musiker in diesem sagenhaften Lokal – vor wenigen Jahren zum Beispiel oft Christy Moore und die Dubliners. Sollte es Platzprobleme geben, kann man auch auf den gemütlichen Biergarten/Hof ausweichen und sein Pint auf einem der Bierfässer abstellen.

114 PIPERS CORNER

105–106 Marlborough St
O'Connell Street &
Die Quays ④
+353 (0)1 873 3503
www.piperscorner.ie

Das Pipers Corner ist ein Neuling in der Szene, und doch hat es sich bereits einen Namen gemacht. Hinter der bunt bemalten Fassade befindet sich ein gemütlicher Raum, wo eine große Auswahl an Craft-Bieren angeboten wird. Einige der besten Musiker der Stadt spielen hier an sieben Abenden die Woche.

115 MCNEILLS PUB

140 Capel St
O'Connell Street &
Die Quays ④
+353 (0)1 874 7679

Das McNeills ist ein berühmter traditionell irischer Musikpub mit einem sehr freundlichen Team hinter dem Tresen. Man weiß nie, was zu den spontanen Musiksessions jeden Donnerstag, Freitag und Samstag beigetragen wird. Außerdem ein gutes Lokal für ein Mittagessen und für ein, zwei erfrischende Pints.

113 O'DONOGHUE'S

5 ROMANTISCHE PLÄTZE
für einen Drink

116 **ANSEO**
18 Camden St Lower
St. Stephen's Green & Grafton Street ②
+353 (0)1 475 1321

Im kleinen Lokal mit dunkleren Tischen im hinteren Bereich können Pärchen in intimer Zweisamkeit ein Gläschen trinken und gleichzeitig guter Musik lauschen. Oder eines der vielen gebrauchten Bücher aus den Regalen nehmen und vor Ort lesen oder gleich erstehen.

117 **IDLEWILD BAR**
14 Fade St
St. Stephen's Green & Grafton Street ②
+353 (0)1 253 0593
www.idlewilddublin.com

In der Idlewild Bar treffen Art déco, ein traditionelles Speakeasy und eine tropische Cocktailbar aufeinander. Vielleicht können Sie eines der grünen Sofas oder die geschwungene Sitzecke mit privaten Tischlämpchen ergattern. Boilermakers (ein Gläschen Whiskey mit einem Glas Bier) sind eine Spezialität des Hauses.

118 **FARRIER & DRAPER**
IM POWERSCOURT TOWNHOUSE CENTRE
59 William St South
St. Stephen's Green & Grafton Street ②
+353 (0)1 677 1220
www.farrieranddraper.ie

Wenn Sie bei Ihrem Date ein wenig angeben möchten, ohne gleich die Bank zu sprengen, ist das Farrier & Draper genau die richtige Wahl. Es befindet sich in einem zweigeschossigen georgianischen Haus mit mehreren Räumen, jeder davon individuell eingerichtet. Dazu gehört auch ein gutes kleines Restaurant.

119 THE LIBRARY BAR

IM CENTRAL HOTEL

1 Exchequer St
St. Stephen's Green & Grafton Street ②
+353 (0)1 679 7302
www.centralhotel dublin.com

Gehen Sie durch den Haupteingang ins Central Hotel, an der Rezeption vorbei und dann die linke Treppe hoch, den Schildern in Richtung Library Bar nach. Dank der großen, weichen Lederstühle und hübschen Regale und Schränkchen voller ledergebundener Bücher ist dies die perfekte Oase der Ruhe, um bei einem Drink der Welt von oben zuzuschauen.

120 THE BAR WITH NO NAME

3 Fade St (unter der Schnecke und dann die Treppe hoch)
St. Stephen's Green & Grafton Street ②
+353 (0)87 122 1064
www.nonamebardublin.com

Sie mag zwar keinen Namen haben, und dennoch: die »No-Name-Bar« (wie man sie auch nennt) gibt es wirklich. Sie ist aber nicht ausgeschildert, eventuell müssen Sie bei der Suche Google Maps zurate ziehen. Wer sie findet, den erwartet eine große Auswahl an Getränken und eine gemütliche Terrasse.

119 THE LIBRARY BAR

5 *gute*
COCKTAILBARS

121 **VINTAGE COCKTAIL CLUB**
15 Crown Alley
Temple Bar ③
+353 (0)1 675 3547
www.vintagecocktail club.com

Diese sehr exklusive Cocktailbar sieht von außen nicht nach viel aus, aber das ist auch genau Sinn der Sache. Im Inneren versteckt befindet sich ein feines Restaurant mit historischem Ambiente und viel Kerzenschein, alles sehr chic und elegant. Ein echter Geheimtipp!

122 **37 DAWSON STREET**
37 Dawson St
St. Stephen's Green & Grafton Street ②
+353 (0)1 902 2908
www.37dawsonstreet.ie

Totale Dekadenz. Diese wunderschöne Bar ist mit teuren Kunstwerken, Kronleuchtern und viel Bleiglas eingerichtet. Die Cocktails sind unwiderstehlich gut – und Cocktails mit Chili und/oder Eigelb besonders zu empfehlen. Hinzu kommen ein gutes Restaurantangebot und eine beeindruckende Whiskeybar.

123 **PERUKE & PERIWIG**
31 Dawson St
St. Stephen's Green & Grafton Street ②
+353 (0)1 672 7190
www.peruke.ie

Neben den typischen Getränken und Barhäppchen wird im Peruke & Periwig auch die ausgeklügelte und ideenreiche Cocktailkarte hochgeschätzt. Hier erwartet Sie viel Klasse auf zwei Etagen samt adrettem Barteam. Entlang der Wände hängen Porträts in allen Größen und es gibt eine eigene Bücherei-Bar.

124 THE BLIND PIG

AN EINEM GEHEIMEN ORT IN DER NÄHE DER GRAFTON STREET

St. Stephen's Green & Grafton Street ②

+353 (0)1 565 4700

www.theblindpig.ie

Psst, diese Bar ist im wahrsten Sinne des Wortes ein Geheimtipp! Eine Cocktailbar im Keller, die sich an die Idee der Speakeasys der 20er-Jahre anlehnt. Der Haken? Die Bar zieht alle paar Monate um – man muss sich erst mit dem Team per E-Mail in Verbindung setzen (reservations@theblindpig.ie), um eine Wegbeschreibung zu erhalten. The Blind Pig ist die Verwirklichung eines Traums des preisgekrönten Mixologists Paul Lambert.

125 ZOZIMUS

IM CENTENARY HOUSE

Anne's Lane, Anna St South

St. Stephen's Green & Grafton Street ②

+353 (0)1 536 9640

www.zozimusbar.ie

Der Laden mit den fliegenden Regenschirmen vor der Tür. Weine, Cocktails, Whiskeys und Gins: Im Zozismus bleiben keine Wünsche offen. Einige der hausgemachten Cocktails sind unschlagbar. Wer es gern süß mag, probiert ein Marshmallow Ramos oder bestellt sich den Eukalyptus Flip.

122 37 DAWSON STREET

5 ETWAS ANDERE BARS

126 **THE BERNARD SHAW**
11-12 Richmond St South
St. Stephen's Green & Grafton Street ②
+353 (0)1 906 0218
www.thebernardshaw.com

Es beginnt alles mit einer kleinen Tür und einem winzigen Raum, einigen wenigen Tischen und einer Bar. Dann geht es weiter zu einer Treppe, die in den Keller führt, wo sich eine Tanzfläche, eine Bar und ein DJ-Pult befinden. Durch eine weitere Tür gelangt man auf die Terrasse mit Biergarten, blauem Pizzabus und dem neuen Streetfood-Markt Eatyard.

127 **THE BOWERY**
196 Rathmines Road Lower
Ranelagh & Rathmines ⑦
+353 (0)85 726 7078
www.thebowery.ie

The Bowery ist eine Bar wie ein Schiff. Für den heimlichen Piraten in uns gibt es hier eine gut sortierte Auswahl an Rum. Livemusik ist ebenfalls wichtiger Bestandteil des Konzeptes, und man muss zugeben: Das sind die Zutaten für einen unvergessliche Abend. Rock'n'Rum!

128 **MARY'S BAR**
8 Wicklow St
St. Stephen's Green & Grafton Street ②
+353 (0)1 670 8629
www.marysbar.ie

Mary's Bar ist gleichzeitig ein Eisenwarenhandel mit einigen nicht alkoholischen Handwerksgeräten, die man hier auch tatsächlich kaufen kann. Vor dem Haus gibt es einen netten Platz zum Sitzen, hinten kann man sich mit Freunden in einen schlichten Alkoven zurückziehen.

129 TOKEN

72-74 Queen St
Smithfield &
Stoneybatter ⑥
+353 (0)1 532 2699
www.tokendublin.ie

Hier bekommt man nicht nur richtig gutes Essen (Augenmerk auf den Out n In Burger und den Boar'd to Fuck Burger) und eine große Auswahl an Bieren und Cocktails. Das Lokal ist gleichzeitig auch eine Retro-Pinballhalle und Videospiel-Arcade. Donkey Kong, Double Dragon, Mario Kart, Street Fighter 2, Space Invaders und vieles mehr. Supercool!

130 THE DAWSON LOUNGE

25 Dawson St
St. Stephen's Green &
Grafton Street ②
+353 (0)1 671 0311

Das aus dem Jahr 1850 stammende Etablissement ist Dublins kleinster Pub mit gerade mal 26 gemütlichen Plätzen. Stellen Sie sich darauf ein, dass man hier schnell mit Fremden und dem Barteam ins Gespräch kommt. Ein einzigartiges Erlebnis und ein echtes Dublin-Muss!

126 THE BERNARD SHAW

5 *beliebte*
CLUBS ZUM TANZEN

131 **YAMAMORI TENGU**
37 Strand St Great O'Connell Street & Die Quays ④
+353 (0)1 872 0003
www.yamamori.ie/yamamori-tengu

Tagsüber eine angesagte Sushi-Bar, abends ein Nachtclub – das ist das Yamamori Tengu. Hier gibt es sogar einen Bambusgarten, wo Buddhas und Gottheiten jede Bewegung der Gäste überwachen. Viel wichtiger ist aber, dass man hier bei schriller Lightshow sehr gut tanzen kann. Früh auftauchen ist Pflicht: Der Laden wird in Nullkommanichts proppenvoll.

132 **WAH WAH CLUB**
52 William St South St. Stephen's Green & Grafton Street ②
+353 (0)1 677 7007
www.wahwahclub.ie

Der Wah Wah Club befand sich früher im Grand Social, ist heute aber in der William Street South zu finden. Dieser Kellerclub bietet in drei renovierten Räumen ein brandneues Soundsystem und erstklassige Lichtinstallationen. Gespielt wird eine Mischung aus Pop und eher abstrakten DJ-Sets. An Themenabenden wird House und Electro Music geboten.

133 THE WORKMAN'S CLUB

10 Wellington Quay
Temple Bar ③
+353 (0)1 670 6692
www.theworkmansclub.com

Dieses große, verwinkelte Gebäude verwandelt sich am Samstagabend in eine vollgestopfte Sardinendose. Die Musik ist eigentlich immer gut, die Atmosphäre laut und heftig. Wer dem Gedränge entkommen will, findet sich schnell draußen im großen Raucherbereich/Biergarten wieder. Einmal die Woche in etwa finden auch Livemusikshows statt.

134 THE OPIUM ROOMS

26 Wexford St
St. Stephen's Green & Grafton Street ②
+353 (0)1 526 7711
www.opiumrooms.ie

Besucher über 35 oder mit kleinem Budget sollten diesen Club besser links liegen lassen. Alle Gäste erhalten mit Zahlung des Eintrittspreises Zugang zu einem Club mit sechs Bars auf vier Etagen, darunter einer Lounge, einem Garten, einer Late-Night-Bar, einem Restaurant und einem Hauptsaal für Live-Acts. The Opium Rooms bieten also von jedem etwas.

135 THE ACADEMY

57 Middle Abbey St
O'Connell Street & Die Quays ④
+353 (0)1 877 9999
www.theacademydublin.com

The Academy veranstaltet hauptsächlich Events mit Livemusik, doch jeden Freitag findet die Neon Neon – Future Clubbing Night statt. Bei House, Pop und Disco-Klassikern füllt sich die Tanzfläche jede Woche aufs Neue. The Academy scheut keine Kosten und Mühen – überall gibt es Konfetti-Kanonen und riesige Ballons.

5 *Orte, die schon* **FRÜH AM MORGEN** *geöffnet sind*

136 **THE ART OF COFFEE**
IM IVEAGH COURT
Harcourt Road
St. Stephen's Green
& Grafton Street ②
+353 (0)1 475 9118
www.theartofcoffee.ie

Von Montag bis Freitag ist The Art of Coffee ab 7 Uhr geöffnet und versorgt seine Gäste mit Tee, Kaffee, Sandwiches, Porridge und Gebäckstückchen. Alles ist superfrisch und wird auf Bestellung zubereitet. Der Kaffee ist ausgezeichnet und die Auswahl derart groß, dass man hier für seinen Morgenkick auf jeden Fall fündig wird.

137 **MUNCHIES**
146-A Baggot St Lower
St. Stephen's Green
& Grafton Street ②
+353 (0)1 661 9168
www.munchies.ie

Die Türen öffnen hier von Montag bis Freitag ab 7 Uhr. Erhältlich sind frisch gebackene Brötchen, Brote, Gebäck, Suppen, Tee und Kaffee (man kann sich sogar eine Thermoskanne mit bis zu 10 Tassen zum Mitnehmen auffüllen lassen). Viel wichtiger ist jedoch, dass man bei Munchies die besten Sandwiches, Toasts und Bagels der Stadt erhält. Eine tolle Auswahl, und das zu fairen Preisen! Auf der Webseite erfährt man die genauen Standorte.

138 SLATTERY'S BAR

129 Capel St
O'Connell Street & Die Quays ④
+353 (0)1 874 6844
www.slatterys.bar

Nicht immer die beste oder gesündeste Wahl, aber wer die Nacht durchgefeiert hat oder schon früh am Morgen mit dem Junggesellenabschied beginnt, sollte das Slattery's Early House mal näher in Augenschein nehmen. Geöffnet von Montag bis Samstag ab 7 Uhr morgens, gibt es im Slattery's eine Fülle von traditionell irischen Gerichten, um die vielen Pints im Magen zu neutralisieren.

139 THE CHANCERY INN

1 Inns Quay
O'Connell Street & Die Quays ④
+353 (0)1 677 0420

Ein typisch irischer Pub mit Ausschanklizenz, der bereits um 7 Uhr geöffnet hat. Einige der Pubs, die schon so früh geöffnet haben, sind um diese Uhrzeit ziemlich vorsichtig mit der Auswahl ihrer Gäste – The Chancery Inn ist da eher relaxt. Doch Vorsicht! Wer seinen Freitagabend im Chancery ausklingen lassen will, findet am Samstagmorgen sowohl freundliche als auch weniger angenehme Gesellen vor.

140 LOLLY AND COOKS

IM LIFFEY TRUST CENTRE/ UNIT P
18 Merrion St Upper
St. Stephen's Green & Grafton Street ②
+353 (0)1 876 1882
www.lollyandcooks.com

Zwar gibt es fünf verschiedene Standorte für Lolly and Cooks in der Stadt, aber diese Filiale hier öffnet an Werktagen bereits ab 7.30 Uhr und serviert ein unglaublich gutes Frühstück zum Mitnehmen. Wie wäre es mit einem Bacon-und-Cheddar-Muffin zum Beispiel? Oder mit einem Bacon Butty? Porridge oder Frühstück im Glas? Und natürlich gibt es dazu noch eine Riesenauswahl an Tee- und Kaffeespezialitäten.

5 Pubs für
LITERATURFREUNDE

141 **THE DUKE**
8–9 Duke St
St. Stephen's Green
& Grafton Street ②
+353 (0)1 679 9553
www.thedukedublin.com

In diesem geschichtsträchtigen Pub ging der erste Drink bereits im Jahr 1822 über den Tresen. Oftmals fallen Namen wie James Joyce, Patrick Kavanagh und Brendan Behan, aber viele andere Pubs können Ähnliches von sich behaupten – diese Typen waren zu Lebzeiten einfach viel unterwegs. Dieser Tage ist es aber eher still geworden um The Duke.

142 **DAVY BYRNE'S PUB**
21 Duke St
St. Stephen's Green
& Grafton Street ②
+353 (0)1 677 5217
www.davybyrnes.com

Zwischen den Jahren 1889 und 1914 galt das Davy Byrne's als einer der beliebtesten Pubs für Literaturfreunde in Dublin, vor allem, weil er mehrfach in James Joyces »Ulysses« und »Dubliner« erwähnt wird. Zu den Stammgästen dieses Pubs in der Duke Street zählten Behan, Kavanagh und Anthony Cronin, später kamen auch noch Michael Collins und Arthur Griffith hinzu.

143 MCDAIDS

3 Harry St
St. Stephen's Green
& Grafton Street ②
+353 (0)1 679 4395

Eine schlichte irische Kneipe mit Buntglasfenstern und dunklem Mobiliar. Kein Extraquatsch, kein falscher Prunk, kein Firlefanz; in Brendan Behans und Flann O'Briens Lieblingskneipe kommt man zum Trinken und sonst nichts. Freundliche Atmosphäre und gute Preise trotz der Nähe zur Grafton Street.

144 THE BAILEY

1–4 Duke St
St. Stephen's Green
& Grafton Street ②
+353 (0)1 670 4939
www.baileybarcafe.com

Dies ist nun schon der dritte Eintrag für die Duke Street, und auch hier haben sich dieselben literarischen Größen eingefunden. Diesmal ist aber auch Beckett mit dabei. Später gab sich J. P. Donleavy ebenfalls die Ehre. Kein Wunder, dass alle Führungen durch das literarische Dublin hier anfangen und/oder aufhören. Eine gute Kneipe zudem, um am 14. Juni Bloomsday zu feiern, denn Gäste erhalten einen Strohhut à la Joyce.

145 KENNEDY'S

31–32 Westland Row
Trinity College
& Altstadt ①
+353 (0)1 679 9077
www.kennedyspub.ie

Es ist heutzutage kaum zu glauben, dass Oscar Wilde an diesem Ort einmal die Regale des Lebensmittelhändlers bestückt hat, der sich damals hier befand. 1850 entstand in dem Ladengeschäft ein Pub, und in späteren Jahren schaute Seamus Heaney gern einmal für ein Pint vorbei. Architektonisch gesehen ist dies einer der schöneren Pubs in Dublin, weswegen er bei Touristen und Studenten des benachbarten Trinity College sehr beliebt ist. Tolles Essen und ein gutes Stout sind ebenfalls im Angebot.

5 *Bars für*
WEIN UND KÄSE

146 **FALLON & BYRNE**

11–17 Exchequer St
St. Stephen's Green
& Grafton Street ②
+353 (0)1 472 1010
www.fallonandbyrne.com

Bekannt besonders dank der hübschen Cafés und des Kunsthandwerkverkaufs in der oberen Etage, versteckt sich unten eine nicht minder interessante französische Brasserie und Weinbar mit betörendem Duft nach Eiche, Wein und Kochkreationen. Ein sehr elegantes, komfortables Ambiente mit herausragender Weinkarte und erstklassigem Essen.

147 **LA CAVE**

28 Anne St South
St. Stephen's Green
& Grafton Street ②
+353 (0)1 679 4409
www.lacavewinebar.com

Die älteste und bekannteste französische Weinbar in Dublin. Das La Cave serviert eine riesige Auswahl an französischen Weinen und internationalen Klassikern sowie viele weniger bekannte Überraschungen. Das Essen und die Käseplatten sind herrlich französisch.

148 **OLESYA'S**

18 Exchequer St
St. Stephen's Green
& Grafton Street ②
+353 (0)1 672 4087
www.olesyaswinebar.com

Es ist wirklich schwer, an diesem verführerischen Ort vorbeizugehen: 400 Weine stehen zur Auswahl, außerdem fantastische Gerichte, darunter Platten mit französischem und irischem Käse, alle Arten von Meeresfrüchten und Appetithäppchen sowie sibirische Eiscreme als Dessert.

149 ELY WINE BAR

22 Ely Place
St. Stephen's Green
& Grafton Street ②
+353 (0)1 676 8986
www.elywinebar.ie

Die mehrfach ausgezeichnete Ely Wine Bar hat viel zu bieten: Empfehlungen des Hauses, Weine des Monats und eine nicht zu verachtende Auswahl an Weinen im Glas sorgen für Vielfalt. Trotz des dekadenten Äußeren muss man also nicht gleich ein Vermögen ausgeben. Bestellen Sie sich zum Beispiel den irisch-kontinentalen Käseteller für zwei (9,95 Euro) oder vier Personen (19,95 Euro).

150 BAGOTS HUTTON

6 Ormond Quay Upper
O'Connell Street &
Die Quays ④
+353 (0)1 878 8118
www.bagotshutton.com

Ein superhipper Laden! Das sieht man schon an den unverputzten Backsteinwänden, der Kunst an den Wänden, den bunten Sitzgelegenheiten und der winzigen Bühne für Live-Jazzabende. Das Essen ist echt italienisch und die Pizza ein Hit bei den Stammkunden. Wir empfehlen die reichhaltige Wurst- und Käseplatte plus Wein, Champagner oder Cocktail.

146 FALLON & BYRNE

5
LGBTQ-HOTSPOTS

151 **THE HUB**
23–24 Eustace St
Temple Bar ③
+353 (0)1 670 7655

Von Donnerstag- bis Samstagabend findet im Hub eine der ältesten Schwulenpartys in Dublin statt, die immer eine große Menge verschwitzter Leiber anzieht. Donnerstags läuft unter dem Namen »Prhomo« eine Schwulennacht für Dubliner Studenten, freitags heißt es »Sweatbox« und samstags findet hier die Party »Mother« statt. Reservierungen sind anzuraten.

152 **THE GEORGE**
89 Great George's St South
St. Stephen's Green & Grafton Street ②
+353 (0)1 671 3298
www.thegeorge.ie

Dies ist für gewöhnlich der erste Anlaufpunkt für junge Schwule in Irland. Der Laden ist berühmt und genießt einen guten Ruf für ausgezeichnete Abendunterhaltung, und das an sieben Tagen die Woche. Es gibt sogar einen kleineren und deutlich ruhigeren Bereich für die ältere Generation, liebevoll »Jurassic Park« genannt.

153 **STREET 66 DUBLIN**
33-34 Parliament St
Temple Bar ③
+353 (0)1 679 3369
www.street66.bar

Das neue Street 66 Dublin löst die bekannte Schwulenbar Front Lounge ab und ist bei einer sehr gemischten Gruppe von Leuten beliebt. Hier erhält man ein paar richtig leckere Gerichte sowie eigentlich alles, was irgendwie alkoholisch ist. Zudem ist der Laden nur ein paar wenige Schritte vom Temple-Bar-Viertel entfernt.

154 **PANTIBAR**
7-8 Capel St
O'Connell Street & Die Quays ④
+353 (0)1 874 0710
www.pantibar.com

Heimat der einzigartigen Drag-Queen Panti Bliss, selbst ernannte *»national fucking treasure«*. Auf jeden Fall die Augen aufhalten, ob man sie vielleicht an diesem Abend antrifft. Dies ist eine sehr lebhafte und bunte Bar voll kurioser Charaktere, wo Kitsch auf coolen Modernismus trifft und alles in Neonrot leuchtet. Und es gibt tolle Getränkeangebote und billigere Pints als anderswo.

155 **UNSCENE**
IM UNDERGROUND
64 Dame St
Trinity College & Altstadt ①
www.theundergroundvenue.ie

Im Underground werden verschiedenste Arten von Veranstaltungen und Aufführungen organisiert. Einmal im Monat steht auch Unscene auf dem Programm, eine Livenacht für *Queers and Pals*. Ein kleines, intimes Venue, das insgesamt nur etwa 50 Leuten Platz bietet. Jeder, der es schafft reinzukommen, wird in diesem Laden die beste Nacht seines Lebens verbringen.

5 tolle
COFFEE-BARS

156 **BEAR MARKET COFFEE**
19 Main St
Süd-Dublin ⑨
www.bearmarket.ie

Der Stadtteil Blackrock ist ein wachsendes Zentrum für gutes Essen und guten Kaffee. Das Bear Market Coffee ist dabei das Herzstück mitten im Zentrum. Hier bekommt man erstklassigen Kaffee in einem coolen und modernen Ambiente. Im rückwärtigen Bereich befindet sich ein hübscher kleiner Café-Garten zum Entspannen, aber die Bank vorne am Eingang ist auch ein netter Ort zum Verweilen. Die Brownies und Cookies machen unglaublich süchtig.

157 **LEGIT COFFEE CO**
1 Meat Marth, Meath St
Kilmainham & Liberties ⑤
www.legitcoffeeco.com

Bekannt nicht nur für seine Tee- und Kaffeespezialitäten, sondern auch für das tolle Brunch- und Mittagsmenü. Legit ist in einer ehemaligen Metzgerei untergebracht und sieht daher auch super aus. Etliche Freiflächen und mit Holz verkleidete Oberflächen sorgen in diesem coolen Laden für viel Gemütlichkeit. Probieren Sie unbedingt den in der Stadt Celbridge hergestellten Baobab-Kaffee und die hausgemachten Sausage Rolls.

158 **LOVE SUPREME COFFEE**

57 Manor St
Smithfield & Stoneybatter ⑥
+353 (0)1 549 6489
www.lovesupreme.ie

Ein Traum für jeden echten Kaffeeliebhaber und eines der elegantesten modernen Kaffeehäuser in Dublin. Das Innendesign ist clever durchdacht, minimalistisch und klar im Design. Das Kaffeemenü wird alle zwei, drei Monate ausgewechselt und legt dann den Fokus auf eine andere Kaffeebohne oder ein anderes Anbauland. Ein zweiter Standort wurde soeben in Portobello eröffnet.

159 **KAPH**

31 Drury St
St. Stephen's Green & Grafton Street ②
+353 (0)1 613 9030
www.kaph.ie

Das Kaph ist, ähnlich wie das Love Supreme, ein sehr hippes Lokal - auch hier ist die Inneneinrichtung minimalistisch und es wird nur wenig Farbe eingesetzt. Da es sich über zwei Etagen erstreckt, bietet es mehr Platz. Mal abgesehen vom köstlichen Kaffee ist das Kaph auch bekannt für seine besonderen Kuchenkreationen samt glutenfreier Optionen.

160 **NETWORK**

39 Aungier St
St. Stephen's Green & Grafton Street ②
+353 (0)87 953 5518
www.networkcafe.ie

Mit seinem minimalistischen Look, abgestimmten Farben und geschmackvoll ausgewählten Möbeln ist das Network ein gutes Beispiel für eine neue Coffeeshop-Generation. Es sieht nicht nur klasse aus, man bekommt auch sehr guten Kaffee, und die Speisekarte ist beeindruckend. In einem Viertel, das von Restaurants und Pubs bevölkert wird, schafft es das Network, sich aus der Masse hervorzuheben und die perfekte Balance zwischen Stil und Substanz zu finden.

5 *Pubs, in denen man auch* **ESSEN** *kann*

161 **THE BULL & CASTLE BAR**
5-7 Lord Edward St
Trinity College & Altstadt ①
+353 (0)1 475 1122
www.fxbuckley.ie/the-bull-and-castle

Bei einer guten alten amerikanischen Bar mit Restaurant kann man eigentlich gar nicht falschliegen. Das Fleisch kommt im Bull & Castle direkt aus der hauseigenen Schlachterei F. X. Buckley, die sich schon lange einen Namen gemacht hat. Ihr guter Ruf als Metzger ist ganz ausgezeichnet, was man an der Zartheit der Steaks und der Marmorierung gut erkennen kann. An der gut ausgestatteten Bar kann man sich das passende Getränk dazu bestellen.

162 **THE OLD SPOT**
14 Bath Avenue
Süd-Dublin ⑨
+353 (0)1 660 5599
www.theoldspot.ie

Dieser sowohl 2016 als auch 2017 im Michelin-Reiseführer »Eating out in Pubs« hochgelobte Pub ist so gut wie ein feines Edelrestaurant … mit Bar. Das Ambiente bietet eine Mischung aus elegant und rustikal. Hier bestellt man Bier und Rind. Oder auch Seebarsch, Käseplatten und Cocktails, wenn Sie das bevorzugen. Ganz egal, worauf Sie Appetit haben: The Old Spot ist auf jeden Fall ein erstklassiger Gastropub.

163 **THE CHOP HOUSE**

2 Shelbourne Road,
Ballsbridge
Süd-Dublin ⑨
+353 (0)1 660 2390
www.thechophouse.ie

Im Chop House, einem weiteren preisgekrönten Gastropub, dreht sich alles um das beste Stück Rindfleisch, das man bekommen kann. Ein sehr relaxter Pub mit weichen Ledersofas und großen Fenstern, durch die das Tageslicht auf Parkettboden und Barhocker fällt. Die Speisekarte liest sich nicht nur, sondern schmeckt auch wie eine mit Michelin-Sternen überhäufte Attraktion.

164 **THE MARKET BAR**

14-A Fade St
St. Stephen's Green &
Grafton Street ②
+353 (0)1 613 9094
www.marketbar.ie

Auf den ersten Blick sieht dieser Pub aus wie eine große bayerische Bierhalle, aber in Wahrheit ist The Market Bar eine sehr beliebte Adresse für Drinks und Tapas, wo auch glutenfreie Optionen nicht fehlen. Versuchen Sie die Patatas Bravas, die riesigen Portionen Nachos, die Hähnchen- und Chorizospieße oder die Kalamari, und spülen Sie das Ganze mit einem erfrischenden Glas Cava oder einer Sangria runter.

165 **L.MULLIGAN.GROCER**

18 Stoneybatter,
Arran Quay
Smithfield &
Stoneybatter ⑥
+353 (0)1 670 9889
www.lmulligangrocer1.weebly.com

Jetzt mal zurück zu dem, was eine alltägliche irische Bar ausmacht – mit anderen Worten: Bei L. Mulligan Grocer werden die Grundlagen sehr gut ausgeführt. Ein gemütliches und komfortables Lokal mit einer großen Auswahl an Getränken und einer sich ständig ändernden Speisekarte. Probieren Sie doch einmal das Scotch Egg aus Blutwurst oder den Lammburger. Einfach sensationell!

5 Bars mit
INTERESSANTEN LEUTEN

166 **TAPHOUSE**
60 Ranelagh Road
Ranelagh &
Rathmines ⑦
+353 (0)1 491 3436
www.taphouse.ie

Unten ist man genau richtig, um neben anderen typischen Dingen die Auswahl an Fass- und Flaschenbieren im freundlich-intimen Ambiente zu erkunden. Oben findet sich auf dem Balkon immer ein freier Platz für eine Zigarette und einen erfrischenden Drink – ein perfekter Aussichtspunkt, von wo aus man ganz Ranelagh samt Leuten in all seiner/ihrer Pracht beobachten kann.

167 **CASSIDY'S**
27 Westmoreland St
Temple Bar ③
+353 (0)1 670 8604

Bei all diesen Brettspielen, Kickertischen, graffitibeschmierten Wänden und der umfangreichen Auswahl einzigartiger Craft-Biere könnte man fast denken, man wäre im Londoner Stadtteil Shoreditch gelandet. Doch draußen, unter dem Schutz des Vordachs, findet man immer den perfekten Platz, um dem geschäftigen Treiben auf Dublins Straßen zuzuschauen. Voyeure werden ihre helle Freude haben.

168 THE BANKERS BAR

16 Trinity St
Trinity College & The Altstadt ①
+353 (0)1 679 3697
www.thebankersbar.ie

The Bankers Bar ist eine lang gestreckte Bar an einer Ecke der Trinity Street. Die Lage ist perfekt. Quasi auf halber Strecke zwischen Dame Street und Andrew's Lane, sind besonders an Samstagabenden die Hocker und Biertische draußen vor der Tür voll mit Leuten, die das gesellige Treiben von Hunderten von Partygängern beobachten wollen.

169 TRINITY BAR & VENUE

46-49 Dame St
Trinity College & The Altstadt ①
+353 (0)1 679 4455
www.trinitybarvenue.ie

Diese legendäre Sportbar ist ein beliebtes Anlaufziel am Wochenende für vorbeiziehende Jungesellenabschiedsfeiern und Touristen. Jeden Abend wird Livemusik gespielt, und auf das Essen kann man sich immer verlassen. Draußen auf der Dame Street ist dies wohl einer der besten Orte der Stadt, um Leute zu beobachten. An einem der seltenen sonnigen Tage einfach unbezahlbar!

170 PYGMALION

IM POWERSCOURT TOWNHOUSE CENTRE
59 William St South
St. Stephen's Green & Grafton Street ②
+353 (0)1 633 4522
www.pyg.ie

Das besonders bei Collegestudenten und Leuten in den Zwanzigern beliebte Pygmalion serviert gute Cocktails und hat einen tollen Außenbereich, der fast die gesamte Coppinger Row einnimmt. Man muss zwar manchmal auf einen freien Platz warten, aber man kann sich auch stehend mit einem Drink in der Hand die Zeit vertreiben.

5 Kneipen mit SNUGS

171 **TONERS**
139 Baggot St Lower
St. Stephen's Green & Grafton Street ②
+353 (0)1 676 3090
www.tonerspub.ie

Das Toners hätten wir auch für viele andere Kategorien auswählen können: »das beste Guinness« oder »der beste Biergarten«, aber es ist der Snug der Kneipe, der wirklich heraussticht. Ein perfekt komfortables Holzseparee für ein ruhiges Pint oder eine gesellige Privatparty.

172 **THE PALACE BAR**
21 Fleet St
Temple Bar ③
+353 (0)1 671 7388
www.thepalacebar dublin.com

Ein zeitloser Pub im klassisch-viktorianischen Stil. In seiner 195-jährigen Geschichte hat sich nicht viel verändert. The Palace Bar verfügt über einen der besten Snugs der Stadt – halten Sie zu Ihrer Rechten hinter der Bar danach Ausschau. Selbst der Barbereich ist in Abschnitte aufgeteilt, um so etwas wie Privatsphäre entstehen zu lassen.

173 **WALSH'S**
6-7 Stoneybatter, Arran Quay
Smithfield & Stoneybatter ⑥
+353 (0)1 670 8647
www.walshsstoneybatter.ie

Dieser Snug fühlt sich heimeliger an als andere. Zur Ausstattung des geräumigen Separees gehören lackiertes Holz und Buntglasfenster. Da es ein Fenster zur Straße gibt, wird der Snug tagsüber vom Sonnenlicht erhellt, aber wenn die Sonne untergeht, wird es richtig gemütlich.

174 **DOHENY & NESBITT**
5 Baggot St Lower
St. Stephen's Green & Grafton Street ②
+353 (0)1 676 2945
www.dohenyandnesbitts.ie

Ein hübscher kleiner Raum mit weichen Ledersesseln und Hockern, auf zwei Seiten von eingelassenen Holztüren mit Milchglas umschlossen. Es gibt keine Extras und es passen kaum mehr als sechs, sieben Personen hinein, aber die Grundlagen sind sehr gut ausgeführt, und das ist schließlich alles, was man braucht.

175 **O'NEILL'S**
2 Suffolk St
St. Stephen's Green & Grafton Street ②
+353 (0)1 679 3656
www.oneillspubdublin.com

Einer der besten Pubs der Stadt. Genauso wie das Toners passt es in viele Kategorien des Buches (Biergarten, Craft-Bier, Pub-Essen). Aber hier findet man auch einen tollen Snug, wenn man durch die Seitentür geht und sich sofort nach links wendet. Probieren Sie dort einen Pint Crean's, ein erstklassiges irisches Lager.

175 O'NEILL'S

HAPPY

65 ORTE FÜR SHOPAHOLICS

5 Geschäfte für
BÜCHERWÜRMER

176 CHAPTERS BOOKSTORE

1 Parnell St
Nord-Dublin ④
+353 (0)1 872 3297
www.chapters.ie

Rein von den Räumlichkeiten her ist das Chapters das älteste unabhängige Buchgeschäft Irlands. Ein Besuch kann schon ganz schön überwältigen. Im riesigen Erdgeschossbereich gibt es Neuerscheinungen, im großen Stockwerk darüber eine Riesenauswahl an Secondhand-Büchern. Sie werden hier alle Arten von Büchern finden, und das zu sehr guten Preisen.

177 THE LIBRARY PROJECT

4 Temple Bar St
Temple Bar ③
+353 (0)89 705 8784
tlp.photoireland.org

Dieser Buchladen ist anders. Der Fokus liegt auf Fotografie- und Kunstbildbänden sowie auf kulturellen und kritischen Publikationen des Verlags Sternberg Press. Ebenfalls vorhanden: diverse Architektur- und Designmagazine. Hier bekommt man sogar in Irland geschaffene Kunst.

178 DUBRAY BOOKS

36 Grafton Street
St. Stephen's Green & Grafton Street ②
+353 (0)1 677 5568
www.dubraybooks.ie

Das Aushängeschild des unabhängigen Dubliner Buchhandels! Das Angebot ist riesig, und das sehr kundige Verkaufsteam besteht aus Spezialisten für die entsprechenden Themenbereiche. Nach dem Stöbern kann man sich oben im brandneuen Café noch einen Kaffee gönnen.

179 CONNOLLY BOOKS
IM NEW THEATRE

43 Essex St East
Temple Bar ③
+353 (0)1 670 3361
www.thenewtheatre.com

Dieser hippe und coole Buchladen ist an das New Theatre angeschlossen. 1923 gegründet und nach dem Republikaner und Sozialistenführer James Connolly benannt, verkauft er vor allem marxistische, feministische sowie philosophische und progressive Bücher. Ein einzigartiges Buchgeschäft mit einem tollen Layout.

180 MARROWBONE BOOKS

78 The Coombe
Kilmainham & Liberties ⑤
+353 (0)1 551 0495
www.marrowbone.ie

Lange Zeit fehlten Dublin gute Secondhand-Buchläden – denn davon gibt es eigentlich in einer Stadt nie genug. Dann eröffnete Marrowbone Books mit seiner leuchtend gelben Fassade. Drinnen sieht es aus wie in einem Wohnzimmer oder alten Buchladen in Charing Cross in London. Es bietet günstige Preise, eine gute Auswahl, jede Menge Komfort und gelegentlich ein Literatur- oder Musikevent.

179 CONNOLLY BOOKS

5 Spezialgeschäfte für
VINYL

181 INDUB REGGAE STORE

4 Upper Fowens St,
Kellergeschoss
Temple Bar ③
+353 (0)86 076 9495
www.indubreggaestore.ie

Der InDub Reggae Store ist ein echtes Kleinod für Reggae-Fans. Er versteckt sich hinter mehreren Kleiderstangen mit Vintage-Klamotten und ist nicht besonders leicht zu finden. Denn um zum ältesten Reggae-Laden Irlands zu gelangen, müssen Sie durch eine nicht schließende Tür gehen und dann mehrere knarzende Holzstufen hinunter. Hier entdecken Sie jede Menge CDs, DVDs … und natürlich auch Vinyl.

182 VINYL DUBLIN

61 George's St Upper
Süd-Dublin ⑨
www.vinyldublin.ie

Nach vielen Jahren mit Schließungen und wirtschaftlicher Stagnation ist der Stadtteil Dun Laoghaire wieder in aller Munde, und es ist schön, einen Laden wie diesen zu sehen, der sich in toller Lage in der Nähe des People's Parks angesiedelt hat. In diesem großen Geschäft ist alles klar angelegt und ausgezeichnet. Neben Vinyl und technischer Ausrüstung gibt es eine Klamottenabteilung und einen Kaffeestand.

183 SPINDIZZY RECORDS

32 Great George's St South
St. Stephen's Green & Grafton Street ②
+353 (0)1 671 1711
www.spindizzyrecords.com

Wieder einmal nicht gerade der größte Laden, aber hier gibt es eine gute Auswahl verschiedener Musikgenres – Spindizzy Records ist vor allem bekannt aufgrund des Angebots an Dancemusik, aber auch Rockmusik aus jeder Dekade sowie Jazz, Klassik, Hip-Hop, Indie und natürlich gute alte irische Folklore, Rock und Pop sind dort zu finden.

184 THE R.A.G.E.

16-B Fade St
St. Stephen's Green & Grafton Street ②
+353 (0)1 677 9594
www.therage.ie

Ja, hier gibt es Vinyl, aber gleichzeitig auch noch total coole Retro-Computersachen, sodass man schon mal den inneren Geek raushängen lassen kann (NES, SNES, Sega Megadrive, Game Cubes). Das Vinyl ist entweder brandneu oder wieder aufgelegt und reicht von sehr kommerziellen Releases bis zu weitaus unbekannteren Werken. Ein tolles Geschäft zum Stöbern und Schnuppern.

185 SOUND CELLAR

47 Nassau St
Trinity College & Altstadt ①
+353 (0)1 677 1940

Dies ist ein guter Anlaufpunkt, wenn man noch Konzerttickets ergattern will, vor allem in Fällen, wo Ticketmaster schon nach wenigen Minuten ausverkauft ist. Es ist zudem ein super Anlaufpunkt für alle Fans des Rock, Hardrock, Punk, Indie, Big Hair Rock, Metal sowie allem, was irgendwie laut, gruftig, grausig und schwarz ist. Die Wände sind voll mit Musik und daher perfekt für jeden Musikliebhaber.

5 *Geschäfte für*
SOUVENIRS AUS IRLAND

186 **FAB COW**
1 Wooden Building,
Exchange St Upper
Temple Bar ③
+353 (0)1 254 2190
www.fabcow.ie

Warum nicht erschwingliche Kunst mit nach Hause nehmen, zum Beispiel in Form von inspirierenden gerahmten Drucken, Karten oder einer Tasse? Fran und Bernie (FAB) sind fleißige Designer, die zusammen eine endlose Anzahl von Produkten kreieren. Diese positiven und süßen Souvenirs sind einfach nur schön und werden zu Hause bestimmt jemanden sehr glücklich machen.

187 **GEORGE'S STREET ARCADE**
Great George's St South
St. Stephen's Green &
Grafton Street ②
+353 (0)1 283 6077
www.georgesstreet arcade.ie

Weniger als fünf Minuten zu Fuß von der Grafton Street entfernt befindet sich dieser kleine, in sich geschlossene viktorianische Markt mit Ständen und unabhängigen Geschäften. Hier findet man Süßigkeiten, Vinyl und Vintagemarken, Accessoires und Sammlerstücke, Kunst, Blumen und Antiquitäten. Der perfekte Ort für Schnäppchenjäger und all jene, die gern auch mal um einen guten Preis feilschen.

188 HOUSE OF IRELAND

37-38 Nassau St
Trinity College & Altstadt ①
+353 (0)1 671 1111
www.houseofireland.com

Dies ist der richtige Ort für all jene, die Verwandte mit Geschmack zu Hause sitzen haben. Jede bekannte irische Qualitätsmarke wie Waterford Crystal, John Rocha und Orla Kiely ist hier vertreten. Neben diesen irischen Designern (insgesamt über 150!) finden Sie auch noch schottische und englische Marken.

189 BUTLERS

24 Wicklow St
St. Stephen's Green & Grafton Street ②
+353 (0)1 671 0591
www.butlerschocolates.com

Die Schokolade von Butlers ist für ihre kräftig-cremige Qualität bekannt. Das Unternehmen wurde 1932 von Marion Butler im Herzen von Dublin gegründet. 1959 erwarb die Familie Sorensen aus Cork das Geschäft, das sie auch heute noch leitet. Als Geschenkidee eignen sich besonders die Geschenkkartons und -körbe. Und für Sie? Lassen Sie sich mit einer Tasse cremiger heißer Schokolade verwöhnen.

190 JAMES FOX CIGAR & WHISKEY STORE

119 Grafton Street
St. Stephen's Green & Grafton Street ②
+353 (0)1 677 0533
www.jamesfox.ie

Der James Fox Cigar & Whiskey Store versorgt schon seit 125 Jahren die Liebhaber der feinen Dinge im Leben und konnte sich in dieser Zeit einen Namen machen. Dies ist der Ort, wo man hingeht, um einen guten irischen oder schottischen Whiskey und Zigarren aus Kuba zu kaufen: Im Angebot gibt es den Oban Distillers Edition Whiskey, den 33-jährigen Single Malt Whiskey von Teeling's und Zigarren der Marken Bolivar und Partagas.

5 Shops für
VINTAGE-KLAMOTTEN

191 **RHINESTONE JEWELLERS**
18 Andrew's St
St. Stephen's Green & Grafton Street ②
+353 (0)1 679 0759

Hier werden Sie zwar vielleicht keinen »Rhinestone Cowboy« antreffen, aber dafür finden Sie hier jede Menge alter Ringe, Halsketten und Accessoires. Von simplem Minimalismus bis hin zu glitzernd und glänzend, hier ist einfach alles dabei. Es gibt Schmuck in allen Formen, Größen und Farben, preiswert oder nicht, antik oder modern, von Eheringen bis zu wunderschönen Geschenkideen für jeden Anlass.

192 **TOLA VINTAGE**
10 Fownes St Upper
Temple Bar ③
www.tolavintage.com

Das Tola Vintage ist ein total angesagter Laden voller Gebrauchtkleidung aus vergangenen Zeiten wie Bomber- oder Adidasjacken, Hemden, Latzhosen, Jumpsuits und noch vielem mehr. Das Preisniveau ist fantastisch und die Atmosphäre freundlich. Es macht Spaß, hier ab und an nach neuen Fundstücken zu stöbern.

193 SIOPAELLA

29 Wicklow St
St. Stephen's Green &
Grafton Street ②
+353 (0)1 558 1389
www.siopaella.com

Halten Sie Ausschau nach der bogenförmigen Backsteinfassade. Siopaella verkauft eher gebrauchte Modekettenware als typische Secondhand-Klamotten, aber davon gibt es auch ein paar Exemplare. Man bezeichnet sich selbst als Irlands größten »Designer-Austauschladen« – also im Prinzip Kauf und Verkauf. Hier gibt es von jedem etwas, von Bailey bis Valentino.

195 DUBLIN VINTAGE FACTORY

194 THE HARLEQUIN

13 Castle Market
St. Stephen's Green &
Grafton Street ②
+353 (0)1 671 0202

Ein kleines Geschäft mit einer Kleiderstange draußen und einem komplett vollgestopften Inneren. Der familiengeführte Laden bietet eine große Auswahl von Kleidungsstücken, beginnend bei den 20er-Jahren bis heute. Es gibt Abendkleider, Rock'n'Roll-Klamotten, alltagstaugliche Kleidung und vieles mehr. Am besten einfach vorbeischauen und gucken, was heute so im Angebot ist.

195 DUBLIN VINTAGE FACTORY

57 Smithfield Square
Smithfield &
Stoneybatter ⓔ
+353 (0)1 872 7144
www.dublinvintagefactory.com

Bei einem Verkaufspreis von nur 20 Euro pro Kilo ist dieser toll aussehende Laden ein Paradies für Liebhaber von Vintage-Kleidung. Die Preise sind ausgezeichnet. Bekannte Marken sind ebenfalls vertreten, von Abercrombie-&-Fitch- und Ralph-Lauren-Hemden bis hin zu DKNY-Tops und Pullis aus den 80ern.

5 *tolle*

HERRENAUSSTATTER

196 **MICHAEL BARRIE**
20 Duke St
St. Stephen's Green & Grafton Street ②
+353 (0)1 671 5265
www.michaelbarrie.ie

Michael Barrie verkauft alles, was zum Bereich Herrenmode zählt – sowohl trendige Teile als auch formelle Businesskleidung, elegante farbige Hemden von Van Laack, Jeans von Timezone Denim, den freundlich-hellen Stil von Napapijri oder Luxusentwürfe von Karl Lagerfeld.

197 **NOWHERE**
65 Aungier St
St. Stephen's Green & Grafton Street ②
+353 (0)1 607 8983
www.nowhere.ie

Ein minimalistisch eingerichtetes Geschäft, in dem man nur das Allerbeste an Männerkleidung, -schuhen und Accessoires in exklusiver Auswahl findet: gewagtere Herrenmode mit modischen Alternativen und dunkleren Farben, zum Beispiel Nike, Cav Empt und Y-3.

198 **GENIUS**
IM POWERSCOURT TOWNHOUSE CENTRE
6-A Clarendon St
St. Stephen's Green & Grafton Street ②
+353 (0)1 679 7851
www.genius.ie

Seit mehr als 25 Jahren gibt es diese familiengeführte Boutique im Powerscourt Townhouse. Genius ist ein cooler, gut sortierter Laden mit vielen bekannten Labels. Die Besitzer besuchen jedes Jahr die verschiedenen Modehäuser, um exklusive Stücke auszuwählen, die sowohl ihrem eigenen Geschmack als auch dem ihrer Kunden zusagen.

199 INDIGO & CLOTH

9 Essex St East
Temple Bar ③
+353 (0)1 670 6403
www.indigoandcloth.com

Indigo & Cloth ist ein sehr cooles Atelier, Café und Ladengeschäft mit auffälliger Straßenfront. Diese Boutique bietet eine Auswahl irischer und internationaler Marken, sowohl Designer- als auch Massenware, sowie alles dazwischen – Levi's, Oliver Spencer, Padmore & Barnes, Gitman Vintage, Sandqvist …

200 KEVIN & HOWLIN

31 Nassau St
Trinity College & Altstadt ①
+353 (0)1 633 4576
www.kevinandhowlin.com

Ja, in diesem Geschäft gibt es auch Kleidung für Damen. Dennoch wäre es echt kriminell, es in diesem Kapitel unerwähnt zu lassen, wenn man bedenkt, dass K&H auch eine ganze Palette an sehr gut gemachter Herrenmode verkauft – und das schon seit fast 100 Jahren! Hier erhält man die besten Tweed-Stücke sowie Hüte, Herrenanzüge und Accessoires.

199 INDIGO & CLOTH

5 *erstklassige*
BOUTIQUEN FÜR DAMEN

201 COSTUME
10 Castle Market
St. Stephen's Green &
Grafton Street ②
+353 (0)1 679 4188
www.costumedublin.ie

Die familienbetriebene Boutique ist ein beliebter Anlaufpunkt bei allen, die gern bei Trends auf dem Laufenden bleiben wollen. Die Preise variieren und die Auswahl ist riesig. Einige Kleidungsstücke sind wirklich atemberaubend schön und entstammen den Kollektionen von Modelabeln wie Citrus, Fine, Yves Salomon oder Roland Mouret.

202 FOLKSTER
9 Eustace St
Temple Bar ③
+353 (0)1 675 0917
www.folkster.com

Das stylishe Folkster bietet Unmengen von Stilvariationen und Trends für modebewusste Kunden jeden Alters. Neben Kleidung gibt es auch Accessoires, die meisten zu fairen Preisen. Viele bekannte irische Fashionistas und Promis haben hier schon mal vorbeigeschaut.

203 BEAUTIFUL SOUTH
13-D Castlewood Avenue
Ranelagh &
Rathmines ⑦
+353 (0)1 412 6691
www.beautifulsouth.ie

Dieser kleine, sehr moderne Laden ist eine äußerst geschmackvolle Erweiterung für dieses Stadtviertel. Das Angebot, einzeln ausgewählt, besteht aus qualitativ hochwertigen und unauffälligen Marken wie Les Coyotes de Paris, Rachel Comey, Masscob, Rains und anderen.

204 TAMP & STITCH
Unit 3 Scarlet Row,
Essex St West
Temple Bar ③
+353 (0)1 515 4705

Tamp ist so trendig, dass es schon beinah wehtut. Trotzdem macht der Laden von außen so viel Lust auf mehr, dass man einfach nicht anders kann, als einen Blick reinzuwerfen und ein wenig herumzustöbern. Schmuck und Kleidung sind sorgfältig ausgewählt, um einer bestimmten Klientel zu gefallen. Wem das weniger zusagt, der kann eine gute Tasse Kaffee im Boutique-Café genießen.

205 HAVANA
2 Anglesea House,
Donnybrook Road
Süd-Dublin ⑨
+353 (0)1 260 2707
www.havanaboutique.ie

Die sehr bekannte Modeboutique verkauft Unikate, Kleider, Jacken, Accessoires und vieles mehr. Hier bekommt man etwas andere Ware als anderswo, zum Beispiel von Rick Owens, Giorgio Brato, Molly Goddard und Avant Toi. Das freundliche Verkaufspersonal ist gern bei der Zusammenstellung eines perfekten Alltags- oder Ausgehlooks behilflich.

204 TAMP & STITCH

5 schöne Geschäfte für WOHNACCESSOIRES

206 INDUSTRY & CO

41 Drury St
St. Stephen's Green & Grafton Street ②
+353 (0)1 613 9111
www.industryandco.com

Industry & Co ist sowohl ein hübscher Innendesign-Laden als auch ein Café. Hier dreht sich alles um den typisch klar-minimalistischen Wohnstil aus Skandinavien. Die mitten im kreativen Herzen Dublins gelegene, mehrfach ausgezeichnete Boutique verkauft hochwertige und leicht verrückte Geschenkideen, Schmuck, Haushaltswaren, Keramik und Möbel.

207 STOCK DESIGN

33-34 King St South
St. Stephen's Green & Grafton Street ②
+353 (0)1 679 4317

In diesem Geschäft sind viele Variationen von alltäglichen Dingen erhältlich, die man irgendwann einmal gebrauchen kann, sowie zu einem gewissen Teil auch eine ganze Menge Zeugs, von dem man gar nicht wusste, dass man es mal brauchen könnte, bei dem man dann aber auf den ersten Blick zuschnappen möchte – so zum Beispiel eine Riesenauswahl an bunten und einfarbigen Tassen, Gläsern, Vasen, Kochbesteck, Töpfen und Pfannen.

208 DESIGNIST

68 Great George's St South
St. Stephen's Green & Grafton Street ②
+353 (0)1 475 8534
www.shop.designist.ie

Hier erhalten Sie die besten Produkte irischer Wohnaccessoires in Form von Haushaltsprodukten und alle Arten von Geschenkideen wie Seifen und kleine Hilfsmittel, Tassen und lustige Bücher oder Rucksäcke; dazu wunderschöne Schreibwaren wie Grußkarten, hübsche kleine Notizbücher und ausklappbare Lineale. Absolut lohnenswert, hier mal vorbeizuschauen, besonders wenn man auf der Suche nach einem ungewöhnlichen und doch praktischen Geschenk ist.

209 ARTICLE

IM POWERSCOURT TOWNHOUSE
South William St
St. Stephen's Green & Grafton Street ②
+353 (0)1 679 9268
www.articledublin.com

Genauso wie über das oben erwähnte Industry & Co wurde auch über das Article in letzter Zeit eine Menge geredet und geschrieben. Es ist einfach ein lustiger Laden mit einer unglaublichen Fülle an Schnickschnack, cleveren Helferlein und praktischen Dingen fürs Heim, alles ordentlich aufgereiht in Regalen und auf Tischen. Ein toller Anlaufpunkt also für auffällige, zeitgemäße und dekorative Dinge.

210 MAKERS & BROTHERS

13-15 Saint Clare's Avenue, Harold's Cross
Ranelagh & Rathmines ⑦
+353 (0)1 663 8080
www.makersandbrothers.com

Mit seinen minimalistischen ein- oder zweifarbigen Objekten, glatten Kanten, geraden Linien und einem praktisch-trendigen Dreh bei alltäglichen Haushaltsgegenständen hat das Makers & Brothers jede Menge cooler Dinge im Angebot. Hier findet man viele neue Talente und kleine Hersteller ausgestellt.

206 **INDUSTRY & CO**

209 **ARTICLE**

Die 5 besten Geschäfte für
IRISCHES DESIGN

211 JAM ART FACTORY

64-65 Patrick St
Kilmainham & Liberties ⑤
+353 (0)1 616 5671
www.jamartfactory.com

Von draußen sieht es zwar aus wie ein sehr hübscher Buch- oder Grußkartenladen, doch die sprichwörtliche Konfitüre (*jam*) ist im Schaufenster nirgends zu entdecken. Wenn Sie stattdessen ein Gemälde von Ryan Gosling mögen (Und wer möchte das nicht?), dann müssen Sie hier unbedingt mal hin. Das JAF arbeitet als unabhängige Kunstgalerie und ist ein Geschäft für irisches Design (mit Fokus auf aufstrebende Jungdesigner mit jeder Menge Talent).

212 COWS LANE DESIGNER STUDIO

2 Pudding Row, Essex St West
Temple Bar ③
+353 (0)1 524 0001

Mitten im Chaos von Temple Bar befindet sich dieser kleine Geheimtipp. Vollgestopft mit handgearbeiteten irischen Kunstwerken und Kunsthandwerk, ist das Cows Lane Designer Studio für eine ungewöhnliche Geschenkidee oder ein Souvenir die perfekte Anlaufstelle. Einfallsreiche und knallbunte Hüte, Töpferwaren, Kerzen, Spielzeug und Schmuckstücke erwarten Sie – alles von unabhängigen Künstlern handgefertigt.

213 IRISH DESIGN SHOP

41 Drury St
St. Stephen's Green & Grafton Street ②
+353 (0)1 679 8871
www.irishdesignshop.com

Dieses Geschäft verspricht nun schon seit neun Jahren nur bestes irisches Kunsthandwerk und Design anzubieten, und dieses Versprechen hat es bislang immer gehalten. Hier erhältlich sind vor allem nützliche Produkte und weniger Schnickschnack, zum Beispiel wunderschöne Haushaltswaren, moderne und traditionelle Geschenkideen und Kunstdrucke.

214 2ND SPACE

19 Stephen St Upper
St. Stephen's Green & Grafton Street ②
+353 (0)1 679 1211

2nd Space ist ein Partnergeschäft des originalen Vorzeigeladens Om Diva. So neu noch, dass es momentan in aller Munde ist. Hier bekommen Sie sehr geschmackvolle, bunte und preisgünstige Vintage-Klamotten, wobei auch junge irische Designer promotet werden, die sich von bekannten Mustern und Motiven eher wegbewegen. So macht Mode Spaß und man bekommt wieder Lust aufs Experimentieren.

215 FIND

IM SAULS COURT/GESCHÄFT 1
Cows Lane
Temple Bar ③
+353 (0)1 679 9790
www.findonline.ie

Seltsame, verrückte und wunderschöne Objekte erwarten Sie im Find, einer Mischung aus Vintage, Retro und sorgfältig ausgewählten Kunstwerken für Ihr Zuhause. Hier geht es vor allem ums Entdecken, um das Erlebnis, etwas Neues zu finden, ohne das man nie mehr leben möchte.

5 *Shops in der*
GRAFTON STREET,
die man unbedingt sehen muss

216 **THE DECENT CIGAR EMPORIUM**
46 Grafton Street
St. Stephen's Green & Grafton Street ②
+353 (0)1 671 6451
www.decent-cigar.com

Dieser Laden ist nicht leicht zu finden, deshalb halten Sie Ausschau nach den Schildern. Die hier verkauften Zigarren kommen aus allen Ecken der Welt (Honduras, Jamaika, Kuba, die Dominikanische Republik …), und die Verkäufer sind äußerst sachkundig. Dazu gehört auch noch das Havana Café, wo man einen echten kubanischen Kaffee und Zigarren in sehr entspannter Atmosphäre genießen kann.

217 **GINO'S GELATO**
34-B Grafton Street
St. Stephen's Green & Grafton Street ②
+353 (0)1 633 6848
www.ginosgelato.com

Warum auf den Sommer warten? Das cremig-leckere Eis bei Gino's kann man an jedem Tag des Jahres genießen. Gino's findet man an verschiedenen Standorten im Stadtzentrum, und das *gelato* ist wirklich herausragend gut (und wird jeden Morgen vom gut geschulten Team frisch zubereitet). Zudem gibt es Kaffee, Crêpes und Waffeln.

218 **CAMERA CENTRE DUBLIN**

56 Grafton Street
St. Stephen's Green &
Grafton Street ②
+353 (0)1 677 5594
www.camera.ie

Dieses familienbetriebene Geschäft wurde 1971 gegründet und hat sich seitdem zu einem Magneten für alle kameratechnischen Belange entwickelt. Was auch immer Sie suchen, hier werden Sie fündig: Drucker und Drohnen, Optik, Linsen, Taschen und Stative. Es gibt einen Reparaturservice, und man kann sich gut beraten lassen. Das Personal kennt sich aus mit seinem Handwerk.

219 **SPACENK**

82 Grafton Street
St. Stephen's Green &
Grafton Street ②
+353 (0)1 677 8616
www.spacenk.com

Es ist schön, in der Grafton Street auch mal einen Laden zu sehen, der nicht nur Mode anbietet. SPACE.NK.apothecary ist ein Kosmetikgeschäft für Damen und Herren mit einer großen Auswahl an Produkten für jeden Geldbeutel. Das Angebot umfasst Wellness-, Sonnen- und Reiseprodukte.

220 **WEIR & SONS**

96-99 Grafton Street
St. Stephen's Green &
Grafton Street ②
+353 (0)1 677 9678
www.weirandsons.ie

Das 1869 gegründete Weir & Sons zählt zu den besten Juwelieren der Stadt, besonders wenn es um Verlobungsringe, Uhren und elegante Geschenkideen geht. Auch Reparaturen kann man durchführen lassen. Dies ist ein sehr engagiertes familiengeführtes Unternehmen mit einem tadellosen Kundenservice und einem gründlichen Hintergrundwissen zu den angebotenen Produkten.

5 verführerische
SÜSSWARENLÄDEN

221 **CANDY LAB**
Cope St, Junction
of Fownes St Upper
Temple Bar ③
+353 (0)1 559 7431
www.candylab.ie

Dieser kleine, aber beeindruckende Laden bietet so ziemlich alles an, was in die Kategorie zuckersüß fällt. Ob Pop Tarts oder Gobstoppers, Kool-Aid und Hershey's oder Süßigkeiten aus der Kindheit, hier gibt es alles. Als Snack für den nächsten Kinobesuch probieren Sie doch mal den süß-salzigen M&M's Snack Mix. Eine Offenbarung!

222 **SWEET MOMENTS**
IM DUN LAOGHAIRE
EINKAUFSZENTRUM
Marine Road
Süd-Dublin ⑨
+353 (0)89 959 9549
www.sweetmoments.ie

Leicht versteckt im Erdgeschoss des Dun Laoghaire Einkaufszentrums liegt dieses süße Monster, das nur darauf wartet, Ihnen das Geld aus der Tasche zu ziehen. Ganz wie bei den anderen hier aufgeführten Geschäften gibt es auch bei Sweet Moments eine Mischung aus alten und neuen Verführungen, süß und sauer, Zucker und Salz. Außerdem hat man sich noch auf irische Süßigkeiten spezialisiert.

223 MR TREATS SWEETS

2 Crown Alley
Temple Bar ③
+353 (0)85 765 9406
www.mrtreatssweets.wix.com

Mr. Treats Sweets gibt es erst seit ungefähr 2010, das Geschäft konnte sich aber schnell etablieren, indem es den Kunden auf eine Reise in die Vergangenheit mitnimmt, als man Süßigkeiten noch in Gläsern verkaufte – inklusive klebrigen Fingern und braunen Papiertüten. Es hat sieben Tage die Woche geöffnet. Folgen Sie einfach den Schildern und der Treppe in der Crown Alley.

224 MR SIMMS OLDE SWEET SHOPPE

IM: ILAC EINKAUFSZENTRUM – UNIT 30-A
Henry St
O'Connell Street & Die Quays ④
+353 (0)1 828 8964

Stark angelehnt an die Süßwarenläden unserer Kindheit, mit mehr als 6.000 klassischen Produkten zur Auswahl. Der Laden ist wortwörtlich von Wand zu Wand voller Flaschen und Gläser mit den allseits bekannten Lieblingen wie Brausedips, Knallzucker, Weingummi, Kaubonbons, Rhabarber-, Vanille- und Zitronenbonbons sowie einer Auswahl modernerer Varianten.

225 AUNTIE NELLIE'S

17-A, Temple Bar
Temple Bar ③
+353 (0)87 345 2665
www.auntynellies.ie

Als ob man in Temple Bar noch mehr Verführung bräuchte. Doch dann kommt auf einmal dieser adrett aussehende Laden daher. Drinnen ist man von vorne bis hinten umzingelt von irisch-englischen und amerikanischen Klassikern (hier gibt es zum Beispiel Twinkies, Reese's, Red Vines). Versuchen Sie doch mal die Schokofrösche und das Butter Fudge.

5 ALTERNATIVE GESCHÄFTE *zum Bummeln*

226 **TEA GARDEN**
7 Ormond Quay Lower
O'Connell Street &
Die Quays ④
+353 (0)86 219 1010
www.tea-garden.eu

Tauschen Sie doch mal das Café oder den Pub mit etwas anderem ein und trinken Sie im relaxten Ambiente des Tea Garden ein Tässchen oder Kännchen Tee, egal, ob schwarz, weiß, grün oder Oolong. Die meisten Räume sind in hellen Farben eingerichtet. Berge von Kissen liegen arrangierbereit auf dem Fußboden, und auf den Tischen flackern Kerzen. Auf dem Weg nach draußen können Sie noch einen Tee oder ein Tee-Set für zu Hause mitnehmen.

227 **GANDHARVA LOKA**
62 Great George's St
St. Stephen's Green &
Grafton Street ②
+353 (0)1 478 9130
www.gandharvaloka.ie

Völlig egal, ob Sie nun musikalisch sind oder nicht, dieses Geschäft ist einfach faszinierend. Ein lustiger Laden mit einem tollen Team, und selbst wenn Sie für sich selbst nichts finden, gibt es bestimmt jemanden in Ihrem Leben, dem Sie eine Freude bereiten können. Denn wer freut sich nicht über eine tibetanische Klangschale, ein Guzheng oder eine Balalaika?

228 ULYSSES RARE BOOKS

10 Duke St
St. Stephen's Green & Grafton Street ②
+353 (0)1 671 8676
www.rarebooks.ie

Bücherfreunde werden an diesem wundervollen Laden genauso ihren Spaß haben wie Schaufensterbummler, die nur zufällig vorbeischauen. Hier findet man alle Arten von Raritäten und Seltsames zu kleinen und großen Preisen. Zum Angebot zählen erste oder Frühausgaben und signierte Bücher von vielen bekannten Schriftstellern, darunter James Joyce, Jules Verne, Lewis Carroll, Haruki Murakami, Philip K. Dick und viele mehr.

229 THE PEN CORNER

12 College Green
St. Stephen's Green & Grafton Street ②
+353 (0)1 679 3641

Fans von schönen Schreibwaren und Schreibwerkzeugen pilgern bereits seit 100 Jahren zu diesem wundervollen Geschäft. Egal, ob Sie nur wenig Geld ausgeben möchten oder exklusive Luxusartikel suchen, hier findet jeder genau das Richtige, vom simplen Kugelschreiber bis zum edlen Füllfederhalter. Im Keller sind Grußkarten und Notizbücher untergebracht.

230 HEN'S TEETH

13 Fade St
St. Stephen's Green & Grafton Street ②
+353 (0)1 552 9960
www.hensteethprints.com

Dieser total coole Laden hätte in eine Vielzahl von Kategorien in diesem Buch gepasst. Hier erhält man vor allem irische und internationale Kunstartikel, aber es gibt auch eine kleine, sorgfältig zusammengestellte Ecke für Spezialbücher und farbenprächtige gerahmte Drucke. Im Untergeschoss findet man sogar sexy Möbelstücke.

Die 5 coolsten Shops im

POWERSCOURT TOWNHOUSE CENTRE

59 William St South
St. Stephen's Green & Grafton Street ②
+353 (0)1 679 4144

231 **THE BONSAI SHOP**
+353 (0)1 679 3456
www.bonsaishop.ie

Dies ist das einzige Ladengeschäft, das sich ausschließlich mit dem Thema Bonsai beschäftigt. Maureen Massey betreibt den Laden bereits seit mehr als 30 Jahren und hat alles da, was man für die Bonsaipflege benötigt: Styling, Zuschnitt, Drahtung, Umpflanzung – und das mit jeder Menge Erfahrung und Wissen. Im Frühjahr und Herbst finden zudem Workshops statt.

232 **BARK & BERRY**
+353 (0)1 679 8269
www.barkandberry.ie

Bark & Berry ist zuvorderst ein Heimduft-Geschäft, das eine große Auswahl an Sprays, Öllampen, Kerzen und Zerstäuber der Luxusmarke Dr. Vranjes verkauft. Aber dieser elegante und heimelige Laden hat auch eine kleine, sehr erlesene Palette an Haushaltswaren und Möbeln im Angebot.

233 **JEAN CRONIN VINTAGE & CONTEMPORARY**

+353 (0)86 824 6867
www.jeancronin.com

Der Name sagt alles: Jean Cronin ist eine Mischung aus Alt und Neu und allem dazwischen. Wählen Sie ein Zeitalter oder zwei und dann mischen Sie einmal alles kräftig durch. Kombinieren Sie diese 50er-Jahre-Ohrringe mit dem Paillettenkleid aus den 70ern und schnappen Sie sich dazu noch die perlenbesetzte Handtasche im Stil der 20er-Jahre.

234 **KID**

+353 (0)1 535 1876
www.kidstoredublin.com

KID ist mit seinem minimalistisch weißen Industrielook vor allem für coole Kids gedacht. Es befindet sich im obersten Stockwerk des Powerscourt Einkaufszentrums und bietet äußerst zeitgemäße, gut gemachte Kinderkleidung und Accessoires an – supertrendy mit vielen tollen Aufdrucken und Designs.

235 **THIS IS KNIT**

+353 (0)1 670 9981
www.thisisknit.ie

Stellen Sie sich eine Welt vor, in der alles aus Wolle ist. Nun, in Dublin kann man diese Welt besuchen und von dort Berge aus Wolle mitnehmen, um zu Hause seine eigenen Wollmonster zu erschaffen – oder vielleicht erst mal nur einen Schal. Dies ist ein Paradies für Strickfreunde; es gibt hier so viele verschiedene Marken und Garne, dass man sich am liebsten in einer weichen Ecke zusammenrollen und gar nicht mehr gehen möchte.

5 MÄRKTE,
auf denen man sich gut die Zeit vertreiben kann

236 DUBLIN FLEA MARKET
12 Newmarket,
Merchant's Quay
Kilmainham &
Liberties ⑤
www.dublinflea.ie

Dieser Markt mitten im Zentrum von Dublin erwacht jeden letzten Sonntag des Monats zum Leben. Es gibt über 70 Stände, die alles verkaufen, von Vintage-Kleidung über Möbel und Antiquitäten zu Vinyl, Büchern und Essen. Der Besuch macht unglaublich viel Spaß und unterstützt einen gemeinnützigen Verein, der sich für Nachhaltigkeit, Zusammenarbeit und Unternehmertum einsetzt. Der Green Door Lebensmittelmarkt befindet sich direkt nebenan.

237 LIBERTY MARKET
71 Meath St,
Merchant's Quay
Kilmainham &
Liberties ⑤
+353 (0)1 280 8683
www.libertymarket.ie

Ein berühmter Markt und einer der ältesten in Dublin: Der Liberty Market verkauft so ziemlich alles, von Gravuren über Gartenwerkzeug und Bücher bis zu Spielsachen. Hier findet man tolle Schnäppchen, und dank der zentralen Lage im Stadtzentrum herrscht ein freundlicher, internationaler Ton. Über die Webseite kann man zudem online einkaufen.

238 THE SUPERNATURAL FOOD MARKET

IM ST. ANDREW'S RESOURCE CENTRE

114–116 Pearse St
Trinity College & Altstadt ①
+353 (0)86 454 3200
www.supernatural.ie

Jeden Samstag zwischen 9.30 Uhr und 15.30 Uhr kann man hier jede Menge biozertifizierte Lebensmittel, Snacks und Backwaren einkaufen. Wer es nicht abwarten kann, vom Angebotenen zu probieren, findet vor Ort ein äußerst ansprechendes Lunchlokal namens Sunil's Café. Und warum nicht das Ganze mit einem leckeren Nachtisch bei Urban Kitchen Chocolat zum Abschluss bringen?

239 JAMESTOWN MARKET

90 Jamestown Road
Kilmainham & Liberties ⑤
+353 (0)86 253 370
www.jamestownmarket.com

Perfekt für Leute, die gern bummeln und ausprobieren, und nicht so sehr für ernsthafte Shopping-Queens. Dieser Markt hat eine Fülle an Zeugs, von dem Sie bislang nicht wussten, dass Sie es jemals brauchen könnten. Hier finden Sie viele echte Schätzchen, von Accessoires bis zu Elektronik und von Haushaltswaren bis zu Kleidung. Oder Sie kaufen ein paar Süßigkeiten längst vergangener Tage bei Lou Chew's. Jeden Samstag und Sonntag geöffnet.

240 HA'PENNY FLEA MARKET

IM GRAND SOCIAL

35 Liffey St Lower
O'Connell Street & Die Quays ④
+353 (0)1 873 4332
www.thegrandsocial.ie/market

Das Grand Social ist für sich genommen schon eine tolle Anlaufstelle für Spaß und Musik, aber samstags von mittags bis 18 Uhr findet hier zudem im Erdgeschoss ein überdachter Markt statt. Lokale Künstler und Designer jeglicher Couleur sind hier genauso willkommen wie Vertreter des Dubliner Einzelhandels. Ein toller Ort, um interessante Schallplatten und Antiquitäten zu ergattern.

30 SEHENSWERTE BAUWERKE

5 übrig gebliebene Beispiele GEORGIANISCHER ARCHITEKTUR

241 **DIE TÜREN VON DUBLIN**
Merrion Sq/Fitzwilliam Sq/Baggot St
St. Stephen's Green & Grafton Street ②

Haben Sie sich mal gefragt, warum es so viele kräftig gefärbte georgianische Türen im Stadtzentrum von Dublin gibt? Die Wahrheit ist recht langweilig, deshalb hier lieber der Mythos. Schuld sind nämlich der Schriftsteller George Moore und sein Freund und Nachbar Oliver St. John Gogarty. Während einer seiner betrunkenen Ausfälle konnte Gogarty eines Tages seine eigene Haustür nicht finden und klopfte deshalb wieder mal an die Tür von Moore. Dieser entschied daraufhin, seine Tür grün zu streichen, um weitere Verirrungen zu verhindern, und die von Gogarty im Gegenzug rot. Und so ging es dann immer weiter.

242 **NUMBER TWENTY NINE**
29 Fitzwilliam St Lower
St. Stephen's Green & Grafton Street ②
+353 (0)1 702 6163
www.numbertwentynine.ie

Dieses georgianische Heimatmuseum ist perfekt erhalten und original eingerichtet, sodass die Inneneinrichtung genauso aussieht wie von 1790 bis 1820. Die ideale Sehenswürdigkeit für einen regnerischen Tag: Erleben Sie Geschichte und lassen Sie sich entführen in das Wohngefühl eines eleganten Townhouses.

243 HENRIETTA STREET

O'Connell Street & Die Quays ④

Dies ist angeblich die erste georgianische Straße, die im Stadtzentrum von Dublin angelegt wurde. Sie gilt als strahlendes Vorbild für viele andere Gebäude und Straßenzüge, die in Stil und Konzeption nachgestellt sind. Im 18. Jahrhundert war die Henrietta Street eine begehrte Adresse. In Haus Nummer 14 befindet sich ein Tenement Museum, das 2017 eröffnet hat.

244 DIE 5 GEORGIANISCHEN PLÄTZE

St. Stephen's Green & Grafton Street ②
O'Connell Street & Die Quays ④

Mountjoy und Parnell auf der nördlichen Seite, Merrion, Fitzwilliam und St. Stephen's Green auf der südlichen Seite – das sind die fünf georgianischen Plätze, die zusammen einen erheblichen Teil der Dubliner Architekturgeschichte ausmachen. Die Gebäude und die kleinen Parks, die sie umgeben, sind geschichtlich äußerst interessant und eine beliebte Sehenswürdigkeit für Besucher aus dem In- und Ausland.

245 O'CONNELL STREET

O'Connell Street & Die Quays ④

Anfangs war dies eine Straße wie jede andere, doch im 18. Jahrhundert kamen viele Neubauten und restaurierte Gebäude hinzu. Die Straßen und die Gehwege wurden verbreitert und eines der bekanntesten Wahrzeichen Dublins, das General Post Office, 1818 eröffnet. Später dann, bevor die Straße zu einem Einkaufsmekka und zur Restaurantmeile wurde, war dies das Kerngebiet des Osteraufstands von 1916.

5 BRÜCKEN,
über die man gehen muss

246 **HA'PENNY BRIDGE**
Verbindet Bachelors Walk (Norden) und Merchant's Arch (Süden)
O'Connell Street & Die Quays ④

Diese gusseiserne Fußgängerbrücke wurde 1816 erbaut und überquert den Fluss Liffey. Die Brücke ersetzt die Fähren, die damals die Leute vom Südufer zum Nordufer des Flusses und wieder zurück gebracht haben. Ursprünglich gab es eine Brückenmaut (in Höhe von einem sogenannten Ha-Penny), aber die wurde schon vor langer Zeit abgeschafft.

247 **EAST-LINK TOLL BRIDGE**
AUCH THOMAS CLARKE BRIDGE GENANNT
East-Link Toll Plaza, York Road
Verbindet North Wall und Ringsend
Süd-Dublin ⑨

Diese Brücke ist seit 1984 in Betrieb und hat, genauso wie die Ha'Penny Bridge, die bis dahin verkehrenden Flussfähren ersetzt. Sie ist eine Klappbrücke, die sich in der Mitte nach oben hin öffnet, was den Verkehr stoppt und den Schiffen die Durchfahrt ermöglicht. Heute müssen alle Fahrzeuge, die über diese Brücke nach Norden oder Süden fahren, eine Maut entrichten.

248 SEÁN O'CASEY BRIDGE

Verbindet City Quay (Süden) und North Wall Quay
Süd-Dublin ⑨

Die Seán O'Casey Bridge ist eine relativ moderne Drehbrücke, die 2005 für Fußgänger und Fahrradfahrer eröffnet wurde. Nachts wird sie durch eine Reihe von im Boden eingelassenen Lampen erleuchtet, was fantastisch aussieht. Es ist faszinierend, den Drehmechanismus in Aktion zu sehen. Er kommt aber nur zum Einsatz, wenn große Schiffe hindurchfahren oder Wartungsarbeiten stattfinden; die beiden Brückenhälften schwingen aus und öffnen damit die Brücke, wobei jede Hälfte sich parallel zu den Kais ausrichtet.

250 SYNOD HALL BRIDGE

249 ANNA LIVIA BRIDGE

Verbindet Lucan Road
und Chapelizod Road
Nord-Dublin ⑧

Dies ist eine altmodische Steinbrücke mit drei Bögen und vier Pfeilern, die bereits seit 1753 den Liffey überspannt. Benannt wurde die Brücke nach der Figur Anna Livia Plurabelle aus James Joyces rätselhaftem Roman »Finnegans Wake«. Im Buch wird sie als eine Flussfrau beschrieben, was sie zum personifizierten Fluss selbst macht.

250 SYNOD HALL BRIDGE

Über der Winetavern
Street
Trinity College &
Altstadt ①

Die Synod Hall Bridge, die Christ Church mit Dublinia verbindet und über die verkehrsreiche Winetavern Street führt, ist anders als die anderen Brücken in dieser Aufzählung, denn sie ist komplett überdacht. Außerdem ist sie eher klein, aber dafür nicht minder schön und tatsächlich ein wirklich einzigartiges Bauwerk. An beiden Enden befinden sich kreisrunde und viereckige Buntglasfenster. Das Dach hat ein Gewölbe mit überhängenden Holzbalken.

5 KIRCHEN
zum Erkunden

251 ST. MICHAN'S CHURCH
Church St, Arran Quay
O'Connell Street & Die Quays ④
+353 (0)1 872 4154

Die 1095 von den Wikingern gegründete Kirche hat eine sehr interessante Krypta mit wild durcheinandergewürfelten Särgen. Die vier auffälligsten mumifizierten Leichen, geschätzt zwischen 400 und 800 Jahre alt, werden Der Unbekannte, Der Dieb, Die Nonne und Der Kreuzritter genannt. Eine Führung empfiehlt sich.

252 ST. ANN'S CHURCH
Dawson St
St. Stephen's Green & Grafton Street ②
+353 (0)1 676 7727
www.stann.dublin.anglican.org

Die protestantische Kirche ist in der geschäftigen Dawson Street leicht zu übersehen, aber das Innere ist wunderschön. Bram Stoker (Verfasser von »Dracula«) oder Theobald Wolfe Tone (Gründungsvater der republikanischen Bewegung in Irland) haben beide hier geheiratet.

253 CHURCH OF ST. NICHOLAS OF MYRA
Francis St
Kilmainham & Liberties ⑤
+353 (0)1 453 0387
www.francisstreetparish.ie

Von außen erscheint sie wie ein großer Schrein, aber von innen sieht man, wie groß diese Kirche in Wirklichkeit ist. Es gibt einen wunderschön gearbeiteten Altar und ein herrliches Hauptschiff. Das Emblem der Isle of Man an der Decke ist eine Anspielung darauf, dass die Insel einmal Teil dieser Gemeinde war.

254 ST. AUDOEN'S CHURCH

High St, Merchant's Quay
Trinity College & Altstadt ①
+353 (0)87 239 3235
www.heritageireland.ie/en/dublin/staudoenschurch

Zweifellos eine der am meisten unterschätzten Attraktionen in Dublin. Die Steinbastion ähnelt eher einer Burg mit Türmen und Glocke als einer Kirche und stammt aus der Zeit der Normannen. Ein niedriger Bogengang führt durch die ursprünglichen Stadtmauern von Dublin, 40 Stufen hinauf zum Tor. Gerüchten zufolge wird die St. Audoen's Church des Nachts von der mysteriösen Grünen Dame heimgesucht.

255 CHRIST CHURCH CATHEDRAL

Christchurch Place, Wood Quay
Trinity College & Altstadt ①
+353 (0)1 677 8099
www.christchurchcathedral.ie

Die im 11. Jahrhundert von einem Wikingerkönig gegründete Kathedrale war zunächst eine Wikinger-, dann eine irische Kirche. Unter dem Bauwerk befindet sich die größte mittelalterliche Krypta Irlands. Zu sehen gibt es zudem eine Reihe von Relikten: ein Bruchstück der Krippe Jesu und die mumifizierten Überreste einer Katze und einer Ratte.

255 CHRIST CHURCH CATHEDRAL

5 UNGEWÖHNLICHE BAUWERKE

256 **DAS SCHMALE HAUS**
9 College Green, Dame St
Trinity College &
Altstadt ①

Dieses mysteriöse braune Backsteinhaus in der Dame Street, wenige Schritte von der Central Bank entfernt, ist beinahe so groß wie die Gebäude links und rechts davon. Allerdings ist es dabei gerade mal breit genug, um Platz zu haben für eine Eingangstür und ein Schild mit einem Schiff über dem Türrahmen. Ausschließlich aus Backsteinen erbaut, gibt es auf der ganzen Strecke bis zum Dach nicht ein einziges Fenster.

257 **CASINO AT MARINO**
Cherrymount Crescent,
eine Seitenstraße der
Malahide Road, Marino
Nord-Dublin ⑧
+353 (0)1 833 1618
www.casinomarino.ie

Ein klassisches Beispiel für neoklassizistische Architektur in Irland: Das interessante Bauwerk wurde vom hochgeschätzten schottischen Architekten Sir William Chambers für James Caulfeild, den ersten Earl von Charlemont, als Gartenschlösschen entworfen. Drinnen ist nicht alles so, wie man es vielleicht erwarten würde. Auf drei Etagen gibt es 16 opulent verzierte Zimmer, darunter ein Vestibül und ein stattliches Schlafzimmer mit Säulen.

258 KIOSK

56 Adelaide Road
St. Stephen's Green &
Grafton Street ②

Dieses Backsteingebäude mit seiner rot-weißen Markise und Hängekörben ist fast schon so etwas wie ein obskures Wahrzeichen Dublins. Vielleicht sind Sie hier sogar schon mal auf Ihrem Weg ins Stadtzentrum vorbeigekommen, denn es befindet sich an einer geschäftigen Straßenkreuzung. Zunächst war das Bauwerk eine Wasserdruckstation, dann ein öffentlicher Toilettenblock, und heute ist es … ein Café.

259 FREEMASONS' HALL OF DUBLIN

17–19 Molesworth St
St. Stephen's Green &
Grafton Street ②
+353 (0)1 676 1337
www.freemason.ie

Die Dublin Hall ist das leitende Gremium aller Freimaurerlogen in Irland. Fotos vom Inneren verraten (um es mal milde auszudrücken) ein atemberaubendes Design. Die Räume sind makellos und haben schwarz-weiße Fliesen oder einen roten Teppich, die Wände sind mit Emblemen, Artefakten und allen Arten von Relikten geschmückt. Für weitere Informationen kontaktieren Sie bitte die Freimaurervereinigung per E-Mail.

260 HELL FIRE CLUB

Montpelier Hill
Süd-Dublin ⑨

Diese ehemalige Jagdhütte ist heute die Heimat des Hell Fire Clubs. Da sie auf einem alten Friedhof errichtet wurde, liegt seit jeher ein Fluch auf ihr. Zahlreiche Gruselgeschichten ranken sich um das Bauwerk. Das Haus war in der Vergangenheit Treffpunkt verschiedener Gesellschaften, Trinker und Spieler, und man sagt, der Teufel selbst habe hier schon die ein oder andere Karte gespielt.

5 Bauwerke, die die MODERNE SEITE der Stadt zeigen

261 **BORD GÁIS ENERGY THEATRE**
Grand Canal Square, Docklands
O'Connell Street & Die Quays ④
+353 (0)1 677 7999
www.bordgaisenergytheatre.ie

Entworfen von Daniel Libeskind und 2010 eröffnet, fasst dieses Theater knapp über 2.000 Zuschauer. Es ist Schauplatz einiger der größten Aufführungen der Welt, befindet sich am Grand Canal Dock und sieht mit seinem Schrägdach und der kantigen Glaskonstruktion einfach atemberaubend aus, besonders am Abend, wenn Theater und Umgebung von bunten Lichtern erleuchtet werden.

262 **SAMUEL BECKETT BRIDGE**
Verbindet Sir John Rogerson's Quay (Süden) und die Docklands (Norden)
O'Connell Street & Die Quays ④
www.bridgesofdublin.ie/bridges/samuel-beckett-bridge

Die wie eine Harfe geformte und dem Nobelpreis-Laureaten Samuel Beckett gewidmete Brücke wurde 2009 eröffnet und fügt sich ganz wunderbar in den Modernisierungsprozess der Docklands ein. Sie sagt viel über diesen Teil Dublins aus, ist aber auch eine passende Metapher für den Mann, der sie inspiriert hat: Der Schriftsteller Beckett suchte immer wieder neue Möglichkeiten, das geschriebene Wort in ungewohnte Gewänder zu kleiden. Und so werden auch wir herausgefordert zu hinterfragen, wie eine moderne Brücke eigentlich auszusehen hat.

263 ANBAU DES UCD NATIONAL VIRUS REFERENCE LABS

Belfield
Süd-Dublin ⑨
+353 (0)1 716 4401
www.nvrl.ucd.ie

Ganz versteckt auf dem Campus des UCD College findet man dieses Gebäude, das 2003 vom Architektenhaus McCullough Mulvin Architects fertiggestellt wurde. Vielleicht an dieser Stelle eine seltsame, nichtsdestotrotz aber interessante Wahl: Das Gebäude sieht zwar ultramodern aus, ist aber aus eher traditionellem Baumaterial gefertigt. Die kreuz und quer angebrachte, leicht verwitterte Holzvertäfelung verleiht dem Bauwerk sein einzigartiges Aussehen.

264 TRINITY LONG ROOM HUB

Trinity College Campus, Fellow's Square
Trinity College & Altstadt ①
+353 (0)1 896 3174
www.tcd.ie/trinitylongroomhub

Das Gebäude für Geisteswissenschaften auf dem Campus des Trinity College sieht aus wie eine Reihe von Paneelen, die einst einen soliden Block bildeten, jetzt aber irgendwie verschoben sind. Dazwischen befinden sich rahmenlose, eisblaue Fenster. Da es von eher klassischen Bauwerken umgeben ist, soll es uns daran erinnern, sowohl an die Vergangenheit als auch an die Zukunft zu denken.

265 CONVENTION CENTRE DUBLIN

Spencer Dock, North Wall Quay
O'Connell Street & Die Quays ④
+353 (0)1 856 0000
www.theccd.ie

Seit seiner Eröffnung 2010 fanden im CCD bereits mehr als 14.000 Veranstaltungen statt. In dieser Zeit hat es auch bereits mehrere Preise eingeheimst. Es ist praktisch unmöglich, dieses Bauwerk an den Quays zu übersehen, schließlich ist es riesig groß und zylindrisch geformt (im Prinzip sieht es aus wie die »Schiefe Coladose« von Dublin). Nachts wird es mit farbigen Neonstreifen angestrahlt.

Die 5 **WICHTIGSTEN GEBÄUDE** *in Dublin*

266 **GPO (GENERAL POST OFFICE)**
O'Connell Street Lower
O'Connell Street &
Die Quays ④
+353 (0)1 872 1916
www.gpowitnesshistory.ie

Das GPO ist seit seiner Eröffnung im Jahr 1818 das Hauptquartier der Irischen Post, aber noch viel berühmter ist es als Hauptquartier der Anführer des Osteraufstands von 1916. Bei einem Brand zerstört und im Anschluss daran wieder aufgebaut, existiert heute nur noch wenig vom ursprünglichen Gebäude. Für die Teilnahme an der GPO Witness History Rundführung kann man sich online vormerken lassen.

267 **LEINSTER HOUSE**
Kildare St
St. Stephen's Green &
Grafton Street ②
+353 (0)1 618 3271
www.oireachtas.ie/parliament

Leinster House ist seit 1922 der Sitz des sogenannten *Oireachtas* (des Abgeordnetenhauses). Es besteht aus dem *Dáil Éireann* (dem Unterhaus) und dem *Seanad Éireann* (dem Oberhaus). Geführte Besuchertouren finden das ganz Jahr hindurch, wenn das Parlament nicht tagt, von Montag bis Freitag um 10.30 Uhr und um 14.30 Uhr statt und können online gebucht werden.

268 **THE FOUR COURTS**

Inns Quay
O'Connell Street &
Die Quays ④
+353 (0)1 888 6000
www.courts.ie

Das Oberste Bundesgericht, der Oberste Gerichtshof und das Bezirksgericht von Dublin sind alle in diesem Gebäude zu finden. (Das vierte Gericht, das im Namen genannt wird, ist der Zentrale Strafgerichtshof, der hier allerdings nicht mehr untergebracht ist.) The Four Courts spielten eine zentrale Rolle während des Osteraufstands von 1916 und wurden im Irischen Bürgerkrieg 1922 fast komplett zerstört.

269 **THE CUSTOM HOUSE**

269 THE CUSTOM HOUSE

North Dock
O'Connell Street & Die Quays ④
+353 (0)1 888 2000
www.housing.gov.ie

The Custom House ist ein Meisterstück neoklassizistischer Architektur des 18. Jahrhunderts und eines der beeindruckendsten Bauwerke in Dublin, weshalb viele Besucher vor allem Fotos von der Fassade schießen. Es gibt aber auch ein Besucherzentrum und eine kostenlose historische Ausstellung im Inneren des Gebäudes. Es ist das Zuhause des Amts für Wohnungswesen und Planung sowie der Bezirksverwaltung.

270 DUBLIN CASTLE

Dame St
Trinity College & Altstadt ①
+353 (0)1 645 8813
www.dublincastle.ie

Ein absolutes Muss für jeden Dublin-Besucher ist natürlich Dublin Castle. Auf jeden Fall sollte man viel Zeit einplanen, denn es gibt eine Menge zu sehen. Die Burg ist das ganze Jahr über Schauplatz zahlreicher Veranstaltungen und Sonderausstellungen und es gibt eine Besuchertour, die täglich angeboten wird. Sie führt durch den Thronsaal, in die Paradezimmer (State Apartments) und vorbei an einer Reihe von dekorativen Kunstwerken und unbezahlbaren Artefakten.

307 **THE GARDEN OF REMEMBRANCE**

95 ORTE IN DUBLIN ZUM ENTDECKEN

5 *berühmte*
SITZPLÄTZE

271 **DER HUNGRIGE BAUM**
The King's Inns,
Constitution Hill,
Inns Quay
O'Connell Street &
Die Quays ④

Klar, Bäume müssen auch etwas essen, aber es ist schon seltsam, dass einer von ihnen sich eine ganze Bank als Mahlzeit ausgesucht hat. Über viele, viele Jahre hat sich die große, denkmalgeschützte ahornblättrige Platane um die Bank verwachsen und diese somit förmlich verschlungen. Ein tolles Fotomotiv!

272 **WITTGENSTEIN-STUFEN**
Das Große Palmenhaus
im Nationalen
Botanischen Garten
Nord-Dublin ⑧
+353 (0)1 804 0300
www.botanicgardens.ie

Der Botanische Garten ist bei schönem Wetter ein herrliches Ausflugsziel. Das wusste auch der berühmte Philosoph Ludwig Wittgenstein, der in den 40er-Jahren für zwei Jahre in Dublin lebte und arbeitete. Man sah ihn in der Zeit oft auf den Eingangsstufen des Palmenhauses sitzen und schreiben.

273 **SAMUEL BECKETTS BANK**
Foxrock Village
Süd-Dublin ⑨

Das Genie hinter den Werken »Warten auf Godot«, »Endspiel« oder »Kommen und Gehen« hat natürlich ein festes Erinnerungsstück in Foxrock Village. 1906 wurde Beckett schließlich hier geboren. Eine Plakette sowie zwei gravierte Sitze erinnern an den großen Schriftsteller.

274 PATRICK KAVANAGH STATUE

Wilton Terrace
Grand Canal Dock
Süd-Dublin ⑨

Neben dieser Bronzebank mit sitzender lebensgroßer Skulptur von Kavanagh gibt es auch noch einen schlichten Kavanagh-Sitz am Südufer an den Lock Gates der Baggot Street Bridge. Und einen dritten (wieder ein Mann, der mit seinem Sitzplatz verschmilzt) vor dem Raglan Road Pub in Disneyland, Orlando/Florida.

275 HASLAM GEDENKSITZ

St. Stephen's Green
St. Stephen's Green & Grafton Street ②

Anna und Thomas Haslam waren 1876 die Gründungsmitglieder der Dublin Women's Suffrage Association. Anna, eine populäre Kämpferin für Frauenrechte, war ausschlaggebend für die Einführung des Frauenwahlrechts. Thomas schrieb und veröffentliche 1874 »The Women's Advocate«. Die Inschrift auf dem Gedenksitz erinnert an die vielen Jahre, die die beiden für diese Sache gekämpft haben.

271 DER HUNGRIGE BAUM

5 FRIEDLICHE ORTE
zum Entspannen

276 **ROSE GARDEN**
Trinity College,
College Green
Trinity College &
Altstadt ①

Der Rosengarten ist zwar klein, aber sehr liebevoll gepflegt. Die Schlichtheit der rauen Holzbänke, jede mit einer Widmung an einen geliebten Menschen graviert, hat etwas Meditatives an sich. Hier kann man, umgeben von zarten Knospen, üppigem Grün und bunt getupften Rosenbüschen, ganz herrlich entspannen.

277 **HODGES FIGGIS**
56-58 Dawson St
St. Stephen's Green &
Grafton Street ②
+353 (0)1 677 4754
www.waterstones.com/bookshops/hodges-figgis

Hodges Figgis befindet sich im Besitz von Waterstones und ist, wenn man so will, ein »Buchgeschäftsriese«. Die Auswahl auf den zahlreichen Etagen ist unglaublich. Die gemütlichen Sessel im zweiten Stock in der Abteilung für Geschichte und antike Klassiker sind da ein absoluter Bonus, wenn man sich ein paar Bücher warmlesen, von der nächsten Reise träumen oder einfach nur dem Regen entkommen möchte.

278 **ST. KEVINS PARK**
8 Camden Row
St. Stephen's Green &
Grafton Street ②

Der aus dem 13. Jahrhundert stammende St. Kevins Park befindet sich unweit der Wexford Street und ist von hohen Mauern umgeben. Zugang erhält man durch ein kleines Törchen. Der perfekte Platz, um ein paar ruhige Minuten inmitten von Grün zu genießen oder einen Spaziergang rund um die historische Kirche und über den Friedhof zu unternehmen.

279 **THE CLOCKWORK DOOR**
51 Wellington Quay
(1. Etage)
Temple Bar ③
+353 (0)1 538 0998
www.clockworkdoor.ie

The Clockwork Door existiert noch gar nicht so lange, ist aber ein unglaublich cooles Projekt, das für viele zum zweiten Zuhause geworden ist. Auch bekannt als Dublins erstes »Zeithaus«, ist dies ein Veranstaltungsort mit mehreren Räumlichkeiten, wo man gegen Bezahlung Zugriff auf WLAN und so viel Tee, Kaffee und Kekse bekommt, wie man möchte. Außerdem trifft man hier Leute, kann miteinander quatschen, Spiele spielen oder in Abgeschiedenheit lernen. Halten Sie die Augen offen für die regelmäßig stattfindenden Veranstaltungen.

280 **MASSAGE ON A BARGE**
Grand Canal Quay
O'Connell Street &
Die Quays ④
+353 (0)1 564 9896
www.massageonabarge.ie

Halten Sie Ausschau nach dem leuchtend roten Boot mit dem grünen Dach. Die Inhaber haben ihr eigenes, authentisch-traditionelles Thai-Therapiezentrum in Sandyford und weiten ihr Angebot nun mit einer weiteren Filiale in der Innenstadt aus. Sie finden eine ganze Reihe von angenehm entspannenden Behandlungen zu sehr günstigen Preisen.

Dublins 5 INSELN

281 **DALKEY ISLAND**
Dalkey
Südost-Dublin ⑨
www.dalkeycastle.com/news-events/ferry-trips-dalkey-island

Das winzige Dalkey Island ist nur neun Hektar groß und kann per Schiff besucht werden, wenn man sich vorher einen Sitzplatz reserviert. Die Insel ist eher flach, und außer dem Martello-Turm gibt es hier nicht viel zu erkunden. An einem sonnigen Tag jedoch ist es ein wunderbarer Ort für ein Picknick und einen relaxten Drink.

282 **SKERRIES ISLANDS**
Skerries
Nordost-Dublin ⑧
www.skerriesseatours.ie/trips.html

Nördlich von Lambay Island liegen die drei Skerries Islands: Shenick's, St. Patrick's und Colt. Die letzten beiden können nur mit dem Schiff erreicht werden, aber nach Shenick's kann man bei Ebbe über die Sandbänke laufen. Alle drei sind Heimat zahlreicher Vogelarten.

283 **BULL ISLAND**
Dublin Bay
Nordost-Dublin ⑧
www.northbullisland.com

Bull Island sieht vielleicht wegen des flachen Terrains nach nicht viel aus, aber ist toll für Spaziergänge, ein Paradies für Vogelbeobachter, und an guten Tagen sieht man hier sogar oft Schneehasen, Seehunde und Kegelrobben. Die Insel ist über eine Holzbrücke zugänglich.

284 LAMBAY ISLAND

Skerries
Nordost-Dublin ⑧
www.skerriesseatours.ie/trips.html

Vier Kilometer vom auf dem Festland liegenden Örtchen Portrane entfernt ist die 250 Hektar große Insel, eine wahre Kinderstube für viele Tierarten, darunter Kegelrobben, Damwild, Papageientaucher, Möwen und Ziegen. Erstaunlicherweise findet man hier sogar eine kleine Population exotischer Rotnackenwallabys.

285 IRELAND'S EYE

Howth
Nordost-Dublin ⑧
www.islandferries.net

Vom East Pier in Howth fährt eine Fähre in fünfzehn Minuten zu Ireland's Eye, einer 22 Hektar großen, zerklüfteten Insel, die als Vogelschutzgebiet ausgewiesen ist. Am Sandstrand kann man geschützt schwimmen und entspannen. Zudem gibt es eine Kirchenruine aus dem 7. und einen Martello-Turm aus dem 19. Jahrhundert zu besichtigen.

281 DALKEY ISLAND

5 GASSEN *zum Verlieben*

286 **JOHNSON'S COURT**
Seitenstraße der Grafton Street
St. Stephen's Green & Grafton Street ②

Diese Gasse verbindet die Grafton mit der Clarendon Street, ist nicht besonders lang oder breit, wird aber von Lichterketten hübsch beleuchtet und sieht daher umwerfend aus. Einst befand sich hier das irische Aushängeschild der Musikgeschäftskette HMV, heute findet man hier mehrere Juweliere sowie die St. Teresa's Church. Das Pflaster ist auch eine beliebte Freilichtbühne für Straßenmusiker.

287 **MERCHANT'S ARCH**
Temple Bar ③

Diese recht kurze Gasse führt vom Herzen des Temple-Bar-Bezirks hinaus zu den Kais. Hier reihen sich zahlreiche interessante Geschäfte aneinander, zum Beispiel der fantastische South American Shop, China Blue (Schuhfachgeschäft) oder der leckere Mexikaner El Grito.

288 **CRAMPTON COURT**
Seitenstraße der Dame Street
Trinity College & Altstadt ①

Auf den ersten Blick unscheinbar, erreicht man aber, ausgehend von der Dame Street, rasch einen farbenprächtigen Innenhof. Von hier geht es vorbei an reichlich Street-Art bis zu einem hängenden Garten – lassen Sie sich überraschen!

289 OBERE DAME LANE

Von der Trinity Street aus
Trinity College & Altstadt ①

Diese erste Hälfte der Dame Lane ist besonders bei Nachtschwärmern sehr beliebt: auf der einen Seite die Hintereingänge und Raucherecken der Bankers Bar, des Sweeney's und des Mercantile, auf der anderen die 4 Dame Lane, The Stag's Head und die Dame Tavern. Besonders nachts tanzt hier der Bär, wenn die Straßenmusiker draußen aufspielen.

290 UNTERE DAME LANE

Von der Great George's Street aus
Trinity College & Altstadt ①

Wenn der Abend eingeläutet wird und die Lichter eingeschaltet werden, sieht die Fortsetzung der Dame Street besonders schön aus – mit hohen Backsteinmauern links und Kathmandu Kitchen rechts. Wenn Sie bis zum Ende weitergehen, erreichen Sie das Tor von Dublin Castle und Chez Max. Die Gasse ist eine praktische Abkürzung, um Menschenmassen auf der Dame Street zu umgehen.

286 JOHNSON'S COURT

5 tolle **MURALS** und **BEMALTE WÄNDE**

291 **THE TARA BUILDING**
Tara St
O'Connell Street & Die Quays ④
www.thetarabuilding.com
www.maserart.com

Diesem Platz wurde neues Leben eingehaucht. Er fungiert heute als Co-Working Space und Kunstatelier. Hier treffen sich ambitionierte junge Unternehmer, geben Workshops und Kurse. Von draußen sieht man das herrlich bunte Kunstwerk des Dubliner Künstlers Maser.

292 **DAS JAMES-JOYCE-KUNSTWERK VON JAMES EARLY**
IM BLOOMS HOTEL
6 Anglesea St
Temple Bar ③
www.blooms.ie

James Earlys Kunstwerk im Blooms Hotel ist atemberaubend. Es lohnt sich, hier vorbeizuschauen und einen Blick darauf zu werfen. Early hat zahlreiche Figuren aus James Joyces »Ulysses« überlebensgroß auf beide Seiten des Hotels gesprüht, was sein großes Talent beweist.

293 **TÁIN ODER SETANTA MOSAIK-MURAL**
Hinter dem Eason, in einer Seitenstraße der Nassau Street
Trinity College & Altstadt ①

Das Leben des irischen Helden Cu Chulainn steckt in diesem einzigartigen Mural, das vor 43 Jahren von Desmond Kinney gefertigt wurde. Die Setanta (oder Táin) Wall zeigt das große irische Epos »Der Rinderraub von Cooley«, in dem unser Held die Provinz Ulster vor herannahenden Truppen verteidigte, die den Braunen Bullen von Cooley rauben wollten.

294 URBAN HORSE AND RIDER

Stirrup Lane
Smithfield & Stoneybatter ⑥

Nachdem die Stadtverwaltung das berüchtigte Stormzy Mural einfach übermalt hatte, wurde es von Unbekannten mit einer frechen Plakette ersetzt. Glücklicherweise ist ganz in der Nähe das Urban Horse and Rider, das die Rolle des Pferdes in Städten feiert, genauso gut – ein Werk der Street-Art-Gruppe Subset. Das coole futuristische Motiv hebt sich wunderbar von der Backsteinwand ab.

295 BUTTON FACTORY

AN DER BUTTON FACTORY AUSSENWAND
Curved St
Temple Bar ③

Dieses Kunstwerk ist die Hommage eines Dubliner Künstlers – Maser – an einen anderen – BP Fallon. Zwar lebt Fallon heute in den USA, aber in Dublin war er mit seiner Melone auf dem Kopf stadtbekannt. Das Multitalent (Radiomoderator, Journalist, Musiker, Fotograf und DJ) arbeitete mit verschiedenen einflussreichen Persönlichkeiten wie Led Zeppelin, U2 und My Bloody Valentine zusammen.

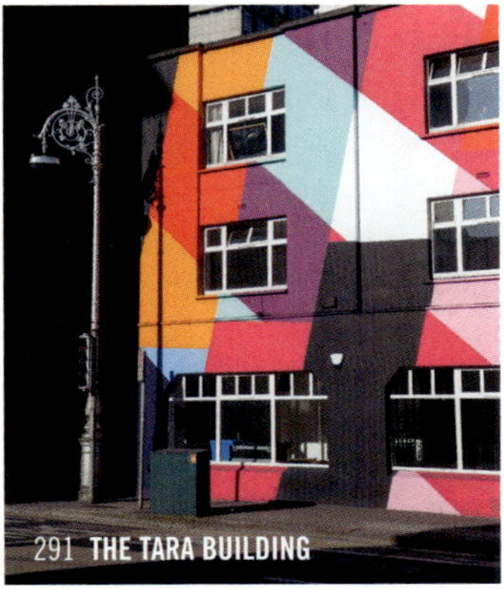

291 THE TARA BUILDING

Die 5 **JÄHRLICHEN FESTE,**
die man nicht verpassen sollte

296 **DUBLIN INTERNATIONAL FILM FESTIVAL**
FEBRUAR
www.diff.ie

Auch wenn es nicht so viel Aufsehen erregt wie Cannes oder Berlin, so ist das Dublin Film Festival doch besonders für Kinofans interessant. Größe und Anspruch sind in den letzten 15 Jahren immens gewachsen, und so flackern Weltpremieren sowohl irischer als auch internationaler Produktionen an verschiedenen Orten in der Stadt über die Leinwände. Auch internationale Stars kommen dann nach Dublin, von Al Pacino bis Kristin Scott Thomas.

297 **BLOOMSDAY FESTIVAL**
JUNI
www.bloomsdayfestival.ie

Ein Fest zu Ehren des großen Dubliner Schriftstellers James Joyce. Das Festival erinnert an seinen größten Erfolg, den Roman »Ulysses«, der nur an einem einzigen Tag spielt, nämlich dem 16. Juni 1904. Das nach der zentralen Figur Leopold Bloom benannte Festival besteht aus verschiedenen Veranstaltungen wie zum Beispiel Literaturführungen und Pub-Crawls sowie Diskussionen, Lesungen und Aufführungen.

298 DUBLIN LGBTQ PRIDE

JUNI

www.dublinpride.ie

Die Schwulen- und Lesbenparade Dublin Pride ist eine Erinnerung an den großen Wandel, der sich in den letzten Jahren in der Stadt vollzogen hat. Zum Festival zählen eine Reihe von Veranstaltungen und Livekonzerte. Im Zentrum steht der Straßenumzug, üblicherweise gefolgt von einer After-Party rund um den Merrion Square.

299 OKTOBERFEST

SEPTEMBER/OKTOBER

Dublin Docklands
O'Connell Street &
Die Quays ④

www.oktoberfest-dublin.de

Das Oktoberfest kommt auch nach Dublin. Neben Bier und deutschem Essen gibt es in den Docklands jedes Jahr bayerische Musik, deutsche DJs und Bäche von Erdinger, was von adretten Damen im Dirndl serviert wird. Wenngleich nicht deutsch, so sollte man auch einmal die dänischen Hotdogs probieren. Am besten schon früh dorthin aufbrechen, denn der Platz ist begrenzt.

300 INTERNATIONAL LITERATURE FESTIVAL

MAI

www.ilfdublin.com

Eine kleine Zusammenkunft, um alles zu feiern, was mit Prosa und Poesie zu tun hat: Lesungen, Interviews, Autogrammstunden und Debatten. Jedes Jahr kommen internationale und lokale Stars der Literaturszene nach Dublin, um sich den Fans und Lesern zu stellen. Hier gibt es für jeden etwas, denn alle Genres und Literaturformen sind vertreten.

5 *alternative* STADTFÜHRUNGEN

301 **GLASNEVIN CEMETERY MUSEUM**
Finglas Road,
Glasnevin
Nord-Dublin ⑧
+353 (0)1 882 6550
www.glasnevinmuseum.ie

Ein Rundgang über einen Friedhof und durch ein Museum ist vielleicht nicht jedermanns Sache, aber eigentlich ist es schon sehr interessant. Das Museum ist täglich geöffnet und es gibt zweimal täglich verschiedene Rundführungen über den Friedhof. Je nach Interesse kann man wählen zwischen der Das-Jahr-1916-Tour, einer Literaturführung, einer Militärgeschichtsführung, dem Rundgang zu den berühmten Frauen von Glasnevin und vielem mehr.

302 **GRAVEDIGGER GHOST BUS TOUR**
STARTET BEI DER EXTREME IRELAND TOURISTENINFO
37 College Green
Trinity College & Altstadt ①
+353 (0)85 102 3646
www.thegravedigger.ie

Im Verlauf zweier gruseliger Stunden fährt man an Bord eines schwarzen Busses herum und wird dabei 600 Jahre zurücktransportiert, um den Geschichten und Horrorstorys aus Dublins Vergangenheit zu lauschen. Dabei wird während der Fahrt auf relevante Punkte auf der Route hingewiesen. Am Ende erwarten Sie kostenlose Erfrischungen im Gravedigger's Pub – und natürlich eine Überraschung.

303 BRAM STOKER'S CASTLE DRACULA

Clontarf Road
Nord-Dublin ⑧
+353 (0)1 851 2151
www.castledracula.ie

Auch wenn die Iren nicht die Erfinder der Gruselliteratur sind, so haben sie doch einen würdigen Anspruch auf die Figur des Dracula. Auf dieser Tour starten Sie bei einer versteckten Tür und gehen durch einen Untergrundtunnel bis zum Schloss des Grafen Dracula, wo Sie dann eine grauenerregende Tour unternehmen, die Sie schließlich zum Lager des Vampirmeisters führt.

304 DUBLIN LITERATUR-RUNDGANG

www.dublinfree walkingtour.ie/literature

Einige der berühmtesten Schriftsteller der Welt stammen aus dem kleinen Dublin: Joyce, Yeats, Wilde, Swift, Stoker, Beckett, Shaw … Dieser erstklassig geführte Rundgang bringt Sie zu allen Orten der Stadt, die für diese Autoren wichtig waren. Innerhalb von zweieinhalb Stunden sehen Sie das Abbey Theatre von Yeats, das Wohnhaus und die Statue von Oscar Wilde und viele weitere bemerkenswerte Sehenswürdigkeiten.

305 RUTH RUA MODETOUREN

www.ruaruth.com

An jeweils einem ausgewählten Samstag pro Monat von Mai bis Oktober führt Modedesignerin, Autorin und Historikerin Ruth Rua durch Dublin und erkundet dabei versteckte Modestile und ihre Geschichte. Folgen Sie der Spur der Pelzhändler, Schneider und Manufakturen und besuchen Sie eine Auswahl kaum bekannter Wahrzeichen und historischer Geschäfte und Boutiquen. Um Reservierung wird gebeten.

5 *atemberaubende* GÄRTEN

306 **IVEAGH GARDENS**
Clonmel St
St. Stephen's Green & Grafton Street ②
+353 (0)1 475 7816
www.iveaghgardens.ie

Im Juni und Juli finden hier Konzerte statt, aber das ganze Jahr hindurch kann man bei einem Spaziergang entspannen oder zu Mittag essen. Der Garten blickt auf 300 Jahre Geschichte zurück und verfügt über einen Irrgarten, ein Rosarium, mehrere Fontänen und einen Wasserfall.

307 **GARDEN OF REMEMBRANCE**
Parnell Square East, Rotunda
O'Connell Street & Die Quays ④
www.heritageireland.ie/en/dublin/gardenofremembrance

Gewidmet all jenen, die ihr Leben für die Freiheit Irlands gegeben haben, ist der Garden of Remembrance ein aufrichtiger Tribut mit einer wunderschönen Skulptur von Oisin Kelly im Zentrum, die auf der irischen Legende der »Kinder von Lír« beruht. Ein Garten der stillen Einkehr – weniger geeignet für Picknicks und Musik.

308 **BLESSINGTON STREET BASIN**
Blessington Street Park
O'Connell Street & Die Quays ④

Einst Trinkwasserreservoir, ist das Blessington Street Basin wohl einer der ungewöhnlichsten Parks Dublins. Er besteht aus 80 Prozent Wasser und nur 20 Prozent Land (inkl. künstliche Enten-/Schwaneninsel und Lodge-Haus) – zehn Gehminuten von der O'Connell Street entfernt.

309 IRISH NATIONAL WAR MEMORIAL GARDENS

Islandbridge
Kilmainham & Liberties ⑤
www.opwdublincommemorative.ie/war-memorial

Der Garten wurde von Sir Edwin Lutyens entworfen und in den 30er-Jahren von Soldaten angelegt. Er unterteilt sich in verschiedene Abschnitte, zum Beispiel den Rosengarten, der von sogenannten *Bookrooms* aus Granit umfasst wird. Im Park befindet sich auch ein Tempel mit Kuppeldach.

310 ARDGILLAN CASTLE AND VICTORIAN GARDENS

Strifeland, Balbriggan
Nord-Dublin ⑧
+353 (0)1 849 2212
www.ardgillancastle.ie

Man muss ganz ehrlich sagen, dass dies nicht nur ein Garten ist, sondern vielmehr ein ganzes Schlossgelände, komplett mit Park, Teeräumen und Kunstausstellungen. Genug also für einen ganzen Tagesausflug. Doch die Gärten im Besonderen sind herausragend: der Rosengarten mit Gewächshaus, der ummauerte Garten (mit einer Abteilung für Kräuter, einer für Obst und einer für Gemüse) sowie die vier Ziergärten.

308 BLESSINGTON STREET BASIN

5 STADTVIERTEL *zum Erkunden*

311 STONEYBATTER
Smithfield & Stoneybatter ⑥

Nachdem der Stadtteil Stoneybatter für viele Jahre einen ziemlich schlechten Ruf hatte, ging es ab Anfang 2016 langsam bergauf. Der Guardian veröffentlichte einen Artikel über dieses Stadtviertel, was dazu führte, dass Geld und Kultur in Stoneybatter Einzug halten. So haben hier seitdem viele neue Pubs, Cafés, Restaurants und Geschäfte (etliche davon in diesem Reiseführer erwähnt) ihre Pforten geöffnet.

312 DALKEY
Süd-Dublin ⑨

Einst eine Wikingersiedlung und ein wichtiger Hafen, ist Dalkey heute Heimat vieler interessanter Sehenswürdigkeiten wie dem Dalkey Castle sowie Ausgangspunkt für Ausflüge nach Dalkey Island. Der Ort bietet zahlreiche schöne Aussichtspunkte und eine Reihe von Lokalitäten wie Pubs und Restaurants. Dalkey ist außerdem der Geburtsort von Van Morrison und Maeve Binchy und immer noch der Wohnort von Bono, The Edge und Neil Jordan.

312 **DALKEY**

313 **PORTOBELLO**
Ranelagh & Rathmines ⑦

Portobello ist schon seit Längerem immobilientechnisch ein heißes Pflaster, denn der Vorort ist dank seiner Lage unweit der Kanäle, der Pubs in der Camden Street und verschiedener Einkaufsmöglichkeiten sehr beliebt. Alles ist bequem zu Fuß zu erreichen, sogar das Stadtzentrum, das weniger als zehn Gehminuten entfernt ist.

314 **PHIBSBOROUGH**
O'Connell Street & Die Quays ④

Das nördlich von Stoneybatter/Smithfield und nur 20 Gehminuten von der O'Connell Street gelegene Phibsborough hat eine Menge interessanter Ecken – ein sehr geschäftiger, lebensfroher Stadtteil mit einer Mischung aus alten und neuen Lokalen. Sportbars und Cafés leben hier in nachbarschaftlicher Harmonie neben coolen Delikatessenläden und Geschäften für Hipsters.

315 **CLONTARF**
Nord-Dublin ⑧

Dieser Küstenvorort im Norden überblickt Bull Island und war 1014 Schauplatz der Schlacht von Clontarf. Heute findet man hier eine Reihe von Attraktionen, darunter Dollymount Beach, St. Anne's Park und Clontarf Castle. In der Vernon Avenue und in der Clontarf Road befinden sich einige sehr bekannte Kneipen sowie gute Restaurants.

5 PARKS
für Spaziergänge

316 **ST. STEPHEN'S GREEN**
St. Stephen's Green & Grafton Street ②
www.ststephensgreenpark.ie

Dieser Park ist das Herzstück des Dubliner Südens und perfekt für ein Butterbrot zu Mittag auf einer der Bänke oder ein Picknick im Gras an den wärmeren Tagen. Drum herum kann es allerdings schon mal lauter werden. Enten- und Schwanenteiche, Gärten und ein Spielplatz sind in diesen 400 Jahre alten Park wunderbar eingebettet. Zahlreiche hübsche Denkmäler und Skulpturen sind ebenfalls vorhanden.

317 **BLACKROCK PARK**
Blackrock
Süd-Dublin ⑨
www.dlrcoco.ie/en/parks-outdoors/parks/blackrock-park

Der Blackrock Park ist ein sehr gepflegter Park direkt am Meer, in dessen Zentrum sich ein Teich mit Vogelinsel, ein Spielplatz und mehrere Outdoor-Trainingsgeräte befinden. Von hier hat man einen tollen Ausblick und viel Platz für Spaziergänge. Blackrock Village ist ganz in der Nähe, perfekt, um einen Tag im Park mit einem Einkaufsbummel oder einem Restaurantbesuch in der Stadt zu verbinden.

318 **MARLAY PARK**
16 Grange Road,
Rathfarnham
Süd-Dublin ⑨
+353 (0)1 205 4700
www.dlrcoco.ie/en/parks-outdoors/parks/marlay-park

Dieser riesige, 121 Hektar große Park hat einfach alles. In den Sommermonaten finden Konzerte statt, aber auch das restliche Jahr über kann man hier eine Menge tun: Es gibt schöne Waldflächen und Teiche sowie Tennisplätze, einen Golfplatz, Felder für Fußball, Gaelic Football und Cricket, zwei Kinderspielplätze, Kunsthandwerksläden, Cafés und eine Miniatureisenbahn.

319 **ST. ENDA'S PARK (MIT HUDSON FOLLIES)**
Grange Road,
Rathfarnham
Süd-Dublin ⑨
+353 (0)1 493 4208
www.pearsemuseum.ie

Heimat des herrlichen Patrick Pearse Museums und einer Reihe von neugierig machenden Wahrzeichen wie den Hudson Follys und der Einsiedlerhöhle. Hier gibt es jede Menge Geschichte zu entdecken, nicht nur rund um Pearse, den Anführer des Osteraufstands von 1916, sondern auch zu dem irischen Rebellionsanführer Robert Emmet – und erstaunlicherweise auch zu dem britischen Armeeoffizier Sir Neville Chamberlain.

320 **ST. ANNE'S PARK**
All Saints Road, Raheny
Nord-Dublin ⑧
www.clontarf.ie/history-of-clontarf/st-annes-park

Sir Arthur Guinness selbst war es, der die Eichen und Kiefern im St. Anne's Park gepflanzt und dessen Anlage gefördert hat. Dieser Tage ist der Park Heimat eines Rosenfestivals, eines Bauernmarktes, viktorianischer Ställe, diverser Follys, eines ummauerten Gartens, mehrerer Waldstücke und einer spektakulären Baumskulptur von Tommy Craggs, die in der Nordostecke steht.

5 Orte zum Anschauen im PHOENIX PARK

Nord-Dublin ⑧
+353 (0)87 228 9698 (Park Rangers)
+353 (0)1 820 5800 (Parkinformation)
www.phoenixpark.ie

321 **DUBLIN ZOO**
+353 (0)1 474 8900
www.dublinzoo.ie

Der 28 Hektar große Dublin Zoo öffnete 1831 zum ersten Mal seine Pforten. Seitdem hat sich eine Menge zum Guten gewandelt – heute verfügt der Zoo über eine afrikanische Savanne, Seehundshows, Fütterungszeiten, ein Reptilienhaus, ein Südamerikahaus, asiatische Wälder und eine Reihe von familienfreundlichen Restaurants und Cafés.

322 **ÁRAS AN UACHTARÁIN**
www.president.ie

Das 1751 erbaute Haus ist bekannt als Wohnstätte des irischen Präsidenten Michael D. Higgins und seiner Gattin Sabina. Viele Würdenträger aus aller Welt wurden hier bereits willkommen geheißen, darunter Papst Johannes Paul II., Nelson Mandela oder Queen Elisabeth II. Es gibt geführte Rundgänge im Gebäude und im weitläufigen Garten.

323 **PAPST-KREUZ**

www.phoenixpark.ie/about/sightsofthepark

Das 35 Meter hohe, von John Sisk & Sons gefertigte Stahlkreuz wurde anlässlich des Besuches von Papst Johannes Paul II. im Jahr 1979 errichtet. Am Tag seiner Ankunft im Phoenix Park am 29. September hielt der Papst vor 1,25 Millionen Menschen eine Rede. Anlässlich seines Todes hinterließen viele Anhänger hier ein Blumenmeer.

324 **BESUCHERZENTRUM**

www.phoenixpark.ie/visitorcentre

Das Besucherzentrum bietet kostenlose Rundgänge in Eigenregie zur Geschichte des Phoenix Parks an. Zudem gibt es Ausstellungsräume und Präsentationen. Nebenan befindet sich das Ashtown Castle and Gardens. Zudem gibt es ein Café-Restaurant mit Sitzplätzen im Freien. Sonntagmorgens finden im Besucherzentrum interessante Workshops für Kinder statt.

325 **PICKNICK MIT DAMHIRSCHEN**

www.phoenixparkbook.com/deer.htm

Die Hirsche im Phoenix Park sind ziemlich scheu und bleiben in der Regel für sich. Füttern soll man sie auf keinen Fall, aber man kann sich ein Picknick mit in den Park nehmen und dieses an einem der Picknicktische verzehren. Oftmals sind die Tiere dabei nur wenige Schritte entfernt.

5 GESCHICHTS-TRÄCHTIGE ORTE
in Dublin

326 **THE CROPPIES ACRE**
7 Benburb St, Arran Quay
Smithfield & Stoneybatter ⑥
+353 (0)1 702 8811
www.heritageireland.ie/en/dublin/thecroppiesacre

Direkt vor dem Eingang der Collins Barracks befindet sich dieses Denkmal für die Croppy Boys (ein Name, den sie wegen ihrer Frisuren bekommen haben). Sie kämpften während des Aufstands von 1798 mit. Es wird allgemein angenommen, dass sich nach ihrer Hinrichtung hier ihre letzte Ruhestätte befindet. Dies ist auch die Heimat der Anna-Livia-Skulptur von Eamonn O'Doherty.

327 **FUSILIERS' MEMORIAL ARCH**
Haupteingang zum St. Stephen's Green
St. Stephen's Green & Grafton Street ②

Dies ist wahrscheinlich eines der bekanntesten Wahrzeichen in Dublin. Es wurde 1907 errichtet und erinnert an die Royal Dublin Fusiliers, die (auf beiden Seiten) während des Zweiten Burenkriegs (1899–1902) kämpften und fielen. Achten Sie beim Unten-Durchgehen auf die verblassten Einschusslöcher, die noch vom Osteraufstand stammen, und werfen Sie einen Blick auf die Namen an der Unterseite des Bogens.

328 ARBOUR HILL CEMETERY

Arbour Hill
Smithfield & Stoneybatter ⑥
+353 (0)1 821 3021
www.heritageireland.ie/en/dublin/arbourhillcemetery

Dieser Friedhof ist einer der kraftvollsten und meditativsten Orte in Dublin und die letzte Ruhestätte für vierzehn der letzten Anführer von 1916, die nach ihrer Hinrichtung im Gefängnis Kilmainham Gaol hierher gebracht wurden. Kurz geschnittenes Gras und flache Granitsteine führen zu einer breiten Sandsteinwand mit Inschriften. Gegenüber sind weitere Gräber unterhalb der Gefängnismauer zu sehen.

329 HEIRLOOMS & HAND-ME-DOWNS

The Liberties
Kilmainham & Liberties ⑤
www.chrisreidartist.com/heirlooms_plaques.html

Im Jahr 2009 erschuf der Künstler Chris Reid 21 einzigartige Bronzeplaketten, die er überall im Stadtviertel The Liberties anbrachte. Jede Inschrift basiert auf tatsächlichen Aufnahmen von Einwohnern aus den Jahren 2004 bis 2008 – eine tolle Idee. Interessierten Betrachtern werden ein paar außergewöhnliche Einblicke in das Leben in diesem Stadtteil gewährt. Auf der Webseite finden Sie eine Karte mit den Standorten.

330 MAGAZINE FORT

Phoenix Park
Nord-Dublin ⑧
+353 (0)1 677 0095

Im Winter finden kostenlose geführte Rundgänge in den Überresten des Magazine Forts statt. Einst eine Basis der britischen Armee, wurde die Festung nach dem Anglo-Irischen Abkommen von 1922 ein Munitionslager für die irischen Verteidigungskräfte. Das Bauwerk hat eine einzigartige sternförmige Anlage mit Aussichtstürmen an den Eckpunkten.

5 PERFEKTE AUSSICHTSPUNKTE
an der Küste

331 **HIGH ROCK**
Coast Road, Malahide
Nord-Dublin ⑧
www.enjoymalahide.com/home/beach/high-rock

Ein Spaziergang zwischen den spitzen schwarzen Steinen zu beiden Seiten fühlt sich beinah so an wie ein Gang auf einer langen Planke inmitten tosender Wellenberge, aber der Blick auf die Irische See an einem sonnigen Tag ist einfach unschlagbar. High Rock ist ein beliebter Ort zum Schwimmen, aber nur für wirklich erfahrene Schwimmer, da die Strömungen gefährlich sein können.

332 **DÚN LAOGHAIRE PIERS**
East and West Pier,
Dún Laoghaire
Süd-Dublin ⑨
www.dunlaoghaire.ie/ttd/dun-laoghaire-pier

Das East Pier ist das beliebtere der zwei Piere, besonders sonntags, der Ausblick aber von beiden phänomenal. Wenn Sie Abgeschiedenheit bevorzugen, wählen Sie das West Pier. Der Bereich zwischen den Pieren ist Tummelplatz vieler Boote.

333 **THE GREAT SOUTH WALL**
Ringsend
Süd-Dublin ⑨

Die Great South Wall ist schon seit Langem eine der längsten Ufermauern in Europa – über vier Kilometer von Poolbeg bis zur Dublin Bay. Der Fußweg ist breit, man muss also keine Angst haben, von einer Welle erfasst zu werden.

334 KILLINEY OBELISK

Killiney Hill, Scalpwilliam Süd-Dublin ⑨

Wenn Sie Glück haben und einen Parkplatz finden, bahnen Sie sich einen Weg durch die Brombeerbüsche, vorbei an den Spaziergängern mit Hund, und gehen Sie den steilen Weg hinauf bis ganz oben zur Kuppe: eine lohnenswerte Erfahrung. Oben sehen Sie einen schlichten Obelisken, der 1792 aufgestellt wurde. Der Ausblick bei schönem Wetter ist unvergleichlich: Bray Head, die Wicklow Mountains und sogar Wales kann man sehen.

335 THE NOSE OF HOWTH

Howth Head, Howth Village Nord-Dublin ⑧

Die Nose of Howth ist perfekt für einen schönen Spaziergang am Wasser mit einem tollen Blick auf Lambay Island und das Ireland's Eye. Unterwegs kommt man an einem Steingrabmal und dem unverwechselbaren Baily Lighthouse vorbei. Doch Vorsicht – der Weg verläuft teilweise sehr nah am Rand der Steilklippe!

334 KILLINEY OBELISK

335 THE NOSE OF HOWTH

5 besondere BÜCHEREIEN und ARCHIVE

336 **THE OLD LIBRARY**
IM TRINITY COLLEGE
College Green
Trinity College & Altstadt ①
+353 (0)1 896 1000
www.tcd.ie/library/old-library

Einige von Ihnen werden vielleicht wissen, dass in der Old Library in Dublin das berühmte »Book of Kells« aufbewahrt wird, ein Evangeliumsmanuskript aus dem 9. Jahrhundert. Der Hauptsaal der Old Library wird *Long Room* genannt; hier stehen über 200.000 der ältesten Bücher der Welt.

337 **NATIONAL LIBRARY OF IRELAND**
Kildare St
St. Stephen's Green & Grafton Street ②
+353 (0)1 603 0200
www.nli.ie

Die National Library of Ireland ist fast ein heiliger Ort, denn hier befinden sich unter anderem die persönlichen Notizen von Seamus Heaney, Roddy Doyle, James Joyce und vielen weiteren Schriftstellern – und damit die umfangreichste Sammlung irischer Geschichte und Schriften.

338 **NATIONAL PHOTOGRAPHIC ARCHIVE**
Meeting House Square
Temple Bar ③
+353 (0)1 603 0373
www.nli.ie/en/national-photographic-archive.aspx

Das NPA wurde 1998 eröffnet und beherbergt über 20.000 Glasplattennegative aus den Jahren 1870 bis 1954, die alle mittlerweile digitalisiert wurden. Besichtigungen sind nach Voranmeldung oder online möglich. Ein Lesesaal ist außerdem vorhanden.

339 MARSH'S LIBRARY

St Patrick's Close
Wood Quay
Kilmainham &
Liberties ⑤
+353 (0)1 454 3511
www.marshlibrary.ie

Dies ist wahrscheinlich Dublins unheimlichste Bücherei, ganz im Stil von Harry Potter. Im 18. Jahrhundert gegründet und daher ein gutes Beispiel der Spätrenaissance/Frühaufklärung, gibt es innen Dutzende Bücherregale aus Eiche und spezielle Käfige zum privaten Lesen. In einem davon befindet sich sogar der Schädel eines armen Besuchers, der nie wieder herauskam.

340 MILITARY ARCHIVES

Cathal Brugha Barracks
Military Road
Ranelagh &
Rathmines ⑦
+353 (0)1 804 6457
www.militaryarchives.ie/en/home

Dies ist die richtige Anlaufstelle für alle Informationen, die das irische Militär betreffen. In der riesigen Datenbank sind Dutzende Sammlungen historischer Aufzeichnungen enthalten. Viele davon, wie die Sammlung des Air Corps Museum, die Civil War Captured Documents und die Emergency Defence Plans, können in speziellen Lesesälen eingesehen werden.

339 MARSH'S LIBRARY

5 Orte, die JAMES JOYCE gewidmet sind

341 JAMES JOYCE STATUE

2 Earl St North
O'Connell Street & Die Quays ④

Die Statue balanciert mit ihrem Spazierstock, ein Bein ist um das andere geschlungen, der Hut zur Seite geneigt – gut möglich, dass unser berühmter James Joyce niemals so attraktiv ausgesehen hat wie hier, auf dem Sockel in der North Earl Street. 1990 installiert von Marjorie Fitzgibbon, nennen die Einheimischen die Statue auch gern *The Prick with the Stick*« (in etwa: »Das Arschloch mit dem Stock«).

342 JAMES JOYCE CENTRE

35 Great George's St North
O'Connell Street & Die Quays ④
+353 (0)1 878 8547
www.jamesjoyce.ie

Nachdem das Gebäude vor dem Abriss gerettet und von einer Reihe von privaten Investoren finanziell unterstützt worden war, wurde das James Joyce Centre 1996 eröffnet. Paul Léon stiftete das Mobiliar, Freund und Sekretär von James Joyce. Bei ihm lebte der Autor für einige Zeit, als er einige Abschnitte von »Finnegans Wake« zu Papier brachte. Zu sehen gibt es Joyces Schreibtisch, seine Totenmaske, drei Dokumentarfilme sowie die Originaltür von Leopold Blooms Haus.

343 SWENY'S JOYCEAN PHARMACY

1 Lincoln Place
Trinity College & Altstadt ①
+353 (0)87 713 2157
www.sweny.ie/site

Diese berühmte Apotheke wird in »Ulysses« erwähnt; tatsächlich gibt es eine lange Beschreibung von Sweny's im Buch, die damit endet, dass der Protagonist ein nach Zitrone duftendes Stück Seife erwirbt und dann in der Stadt verschwindet. Sweny's sieht noch genau so aus wie zu Joyces Zeiten und hat Wände voller Flaschen, Gläser und Tinkturen. Die Apotheke wird von Freiwilligen betrieben.

344 JAMES JOYCE TOWER & MUSEUM

Sandycove Point
Sandycove
Süd-Dublin ⑨
+353 (0)85 198 2218
www.joycetower.ie

Diese kostenlose Attraktion im Dorf Sandycove ist täglich geöffnet – ein weiterer dieser Martello-Türme, die die Briten überall an der Küste errichtet haben, um das Land vor einer französischen Invasion zu schützen. Drinnen befindet sich heute ein James Joyce Museum mit einigen sehr seltenen Erinnerungsstücken.

345 JAMES JOYCE PLAKETTE

In der Nähe des Buchgeschäfts Eason auf dem Bürgersteig der Abbey Street
O'Connell Street & Die Quays ④

Im Jahr 1998, als Teil der bevorstehenden Jahrtausendfeierlichkeiten, wurden 14 Plaketten in die Bürgersteige von Dublin eingelassen. Besucher können so in die Fußstapfen der Figur Leonard Bloom treten. Diese hier trägt die Inschrift *»Aeolus – the offices of the Evening Telegraph (Ulysses, Episode 7)«* und spielt darauf an, dass Bloom die Redaktion des Evening Telegraph im Kapital 7 im Buch »Ulysses« aufgesucht hat.

5 *Stellen, die man in* KILMAINHAM *und* THE LIBERTIES *besuchen sollte*

Kilmainham & Liberties ⑤

346 **IMMA**
Royal Hospital,
Military Road
Kilmainham
+353 (0)1 612 9900
www.imma.ie

Das riesige IMMA wurde 1864 als Veteranenkrankenhaus eröffnet und 1991 als Irish Museum of Modern Art neu erfunden. Das Gelände und die Gärten sind wunderschön. Hier wurden bereits Künstler mit den größten irischen und internationalen Namen ausgestellt, darunter Duncan Campbell, Lucien Freud, Patrick Hennessy, Diego Rivera sowie Frida Kahlo.

347 **ST. PATRICK'S CATHEDRAL**
St Patrick's Close
Wood Quay
+353 (0)1 453 9472
www.stpatrickscathedral.ie

Man muss nicht sonderlich religiös sein, um die Dimensionen und die Ausstrahlung der St. Patrick's Cathedral, der Nationalen Kathedrale der irischen Kirche, zu würdigen. Sie wurde 1191 erbaut und ist die größte und höchste Kirche in Irland, komplett mit wunderschönen Buntglasfenstern. Hier befindet sich auch die letzte Ruhestätte des Autors von »Gullivers Reisen«, Jonathan Swift.

348 TAILOR'S HALL

8 Back Lane
Merchant's Quay
+353 (0)1 454 1786
www.antaisce.org

Die Tailor's Hall steht nun schon seit über 300 Jahren in Dublin und ist das älteste noch bestehende Gildehaus der Stadt. 1994 wurde es unter Denkmalschutz gestelllt. Das Bauwerk mag auf den ersten Blick wenig zu bieten haben, aber architektonisch und historisch ist es von unermesslichem Wert. Interessiert? Besichtigungen sind nur nach Terminvergabe möglich.

349 KILMAINHAM GAOL

Inchicore Road
Kilmainham
+353 (0)1 453 5984
www.kilmainhamgaol museum.ie

Dieses *Gaol* (Gefängnis) ist nicht nur ein Symbol für den irischen Nationalstolz; es ist auch ein wichtiges Bindeglied zwischen all den Aufständen und Konflikten, die nach der Eröffnung des Gaol um 1796 ausbrachen. Zu sehen sind zwei Kapellen (eine für Katholiken, eine für Protestanten), zwei Zellenflügel und der tief bewegende Stonebreakers Yard, wo die 14 Anführer des Osteraufstandes von 1916 hingerichtet wurden.

350 TEELING WHISKEY DISTILLERY

13–17 Newmarket
Merchant's Quay
+353 (0)1 531 0888
www.teelingdistillery.com

Einst bekannt als das »Goldene Dreieck«, war The Liberties früher einmal das Zentrum der Whiskey-Herstellung. Die erst seit wenigen Jahren geöffnete Teeling Whiskey Distillery ist seit 100 Jahren die neueste Destillerie vor Ort. Sie wurde auf den Überresten der alten Walter-Teeling-Destillerie erbaut, ist sieben Tage die Woche geöffnet und bietet Führungen und Verkostungen an.

346 **IMMA**

5 wichtige
STATUEN

351 **JAMES LARKIN STATUE**
O'Connell Street Lower
O'Connell Street &
Die Quays ④

James Larkin, Gründer der Arbeiterbewegung in Irland, war ein sozialer Aktivist, bekannt für eine Reihe arbeitsrechtlicher Auseinandersetzungen zwischen Arbeitern und Arbeitgebern, im Besonderen während des Dublin Lockout 1913. Seine Statue fällt auf, da sie besonders emphatisch und expressiv gearbeitet ist.

352 **CIRCLE OF MERCY**
Baggot St Lower
St. Stephen's Green &
Grafton Street ②

Vor dem Mercy International Centre befindet sich die Statue von Catherine Elizabeth McAuley, der Gründerin der Barmherzigen Schwestern. Sie wurde 1994 von Michael Burke entworfen.

353 **THE VICTIMS**
Merrion Square Park
St. Stephen's Green &
Grafton Street ②

Eine wunderbar makabre Arbeit von Andrew O'Connor. *The Victim* (Das Opfer) zeigt einen toten Soldaten, der zwischen zwei stehenden Figuren liegt: *The Mother of the Hero* (Die Mutter des Helden) und *The Wife*, auch *The Mother of Sorrows* genannt (Die Ehefrau bzw. Die Mutter der Sorgen). Die Statue ist Teil eines unvollendeten Projekts für ein Kriegsdenkmal in Washington D.C.

354 **WOLFE TONE STATUE**
Ecke St. Stephen's Green und Hume Street
St. Stephen's Green & Grafton Street ②

Der Revolutionsführer Wolfe Tone war Gründungsmitglied der United Irishmen und generell ein Verfechter der republikanischen Idee. Er hat in Dublin seine eigene Statue und einen nach ihm benannten Platz – etwas versteckt in einer Ecke des St. Stephen's Green. Die Statue, das Werk des irischen Bildhauers Edward Delaney, wurde 1967 aufgestellt.

355 **THE JOKER'S CHAIR**
Merrion Square Park
St. Stephen's Green & Grafton Street ②

The Joker's Chair ein tolles Andenken an einen der beliebtesten Fernsehschauspieler und Satiriker Irlands: Dermot Morgan. Den Höhepunkt seiner Laufbahn erreichte er mit der Rolle des Father Ted in der Fernsehserie gleichen Namens. Morgan starb an einem Herzinfarkt im Alter von nur 45 Jahren.

353 THE VICTIMS

5 *Skulpturen*
VON ROWAN GILLESPIE

www.rowangillespie.com

356 **FAMINE**
Custom House Quay
O'Connell Street & Die Quays ④

Diese sechs beklagenswerten Figuren, abgezehrt und kaum lebendig, stehen für die Auswanderer, die Irland während der Großen Hungersnot (1845–1852) den Rücken kehrten. Um die eine Million Menschen verloren damals ihr Leben. Auf der anderen Seite des Atlantiks, im Ireland Park in Toronto (wo um die 40.000 Iren landeten), sieht man Rowans Figuren im Freudentaumel nach erfolgreicher Überfahrt.

357 **JUDGEMENT**
IN DER SUTHERLAND SCHOOL OF LAW (UCD)
Belfield
Süd-Dublin ⑨

Rowan Gillespie ist zwar ein weltberühmter Bildhauer, doch dies ist ein unbekannteres Werk. Es zeigt zwei schlanke große Männer mit langen Bärten, die sich in römischer Tracht von Angesicht zu Angesicht gegenüberstehen und aufeinander zeigen. Beide scheinen ins Gespräch vertieft. Manche glauben, dass »Judgement« eine philosophische Debatte zur damaligen Situation im Irak darstelle.

358 **BIRDY**

CRESCENT HALL

Mount St

St. Stephen's Green & Grafton Street ②

Hingekauert auf einer Fensterbank über der Tür der Crescent Hall, befindet sich dieser kleine, seltsame Charakter namens »Birdy«. Mit seiner geduckten Haltung ähnelt er ein wenig der Titelfigur »Birdy« im Film von Alan Parker, auch wenn sie eigentlich den Frieden repräsentieren soll: ein Vogel oder eine Frau, aus dem Käfig befreit und auf dem besten Weg, davonzufliegen.

359 **ASPIRATION**

IM TREASURY BUILDING

Grand Canal St

Trinity College & Altstadt ①

Zweifellos eine der ungewöhnlichsten Statuen in Dublin, zeigt die Bronzestatue »Aspiration« eine Figur, die eine Seite des Treasury Buildings hinaufklettert, eine Hand vor die andere, den Kopf zur Seite gedreht. Ursprünglich stellte die Statue einen männlichen Kletterer dar, aber Proteste lokaler Geschäftsleute führten zu einer Geschlechtsumwandlung.

360 **PROCLAMATION**

Inchicore Road

Kilmainham & Liberties ⑤

Auf der gegenüberliegenden Straßenseite des Kilmainham Gaol befindet sich diese vielleicht etwas seltsam anmutende abstrakte Skulptur. Sie gedenkt all jener, die 1916 während des Osteraufstandes kämpften und starben. Drahtige, gliederlose Wesen stehen in einem Kreis um einen Tisch herum, auf dem die Proklamation liegt. Sie alle haben die Augen verbunden, tragen einen Stempel mit Anklage und Urteil auf ihren Körpern und sind von Pistolenkugeln durchsiebt.

5 *Kunstwerke von*
HARRY CLARKE

www.harryclarke.net

361 **ST. PETER AND ST. PAUL**
Church of Ireland,
Sandford Road, Ranelagh
Ranelagh &
Rathmines ⑦

Harry Clarke war ein gefeierter irischer Illustrator und ein meisterhafter Buntglaskünstler. Man kann seine Kunstwerke überall in der Stadt bewundern, wenn man weiß, wo man suchen muss. Dieses Stück im Art-Deco-Stil wurde vor fast 100 Jahren in Auftrag gegeben und zeigt die Heiligen Petrus und Paulus nebeneinander in jeweils eigenen Fenstern. Jedes hat eine kleinere Scheibe darunter, die den Hintergrund des Heiligen erklärt.

362 **SAINTS HUBERT, LUKE AND GEORGE**
St. Brigid's Church of
Ireland, Castleknock
Nord-Dublin ③

Dieses dreiteilige Fenster widmet jeweils einem Heiligen einen eigenen Abschnitt. Der Heilige Georg wird in allen drei Fenstern bei verschiedenen Handlungen dargestellt, so der Rettung einer armen Jungfrau vor einem Drachen. Die Szene, in der der Heilige Hubert auf einen Hirsch trifft, befindet sich in der Mitte. Den restlichen Teil des Fensters nimmt der Heilige Lukas ein, Arzt und Maler der Jungfrau Maria.

363 **ANGEL OF PEACE AND HOPE**

Holy Trinity Church, Killiney
Süd-Dublin ⑨

Dieses Kunstwerk besteht aus einem einzelnen großen Fenster und ist ein Kriegsmahnmal (1915) eines Vater für seinen Sohn, der während des Ersten Weltkriegs gefallen ist. Man sieht einen rothaarigen Engel mit Heiligenschein auf einer Seite, außerdem eine Friedenstaube sowie das Familienwappen des Auftraggebers.

364 **THE ANNUNCIATION AND THE CORONATION OF THE VIRGIN IN GLORY**

St. Joseph's Church, Terenure
Süd-Dublin ⑨

The »Annunciation« handelt von Mariä Verkündigung. Der Heilige Geist ist in Form einer Taube zu sehen. Auf der rechten Seite befindet sich »The Coronation of the Virgin in Glory« (1923). Hier sieht man, wie Maria gekrönt wird und dabei so etwas wie Flammen ausstößt. Das Fenster wurde von Clarke ganz unten links selbst signiert.

365 **THE SACRED HEART, ST. MARGARET AND ST. JOHN EUDES**

Vincentian Fathers Church of St. Peter, Phibsborough
Nord-Dublin ⑧

In diesem wunderschönen dreiteiligen Fenster von 1919 ist eine Menge los. Die Heilige Margareta-Maria, das Heiligste Herz Jesu sowie Jesus selbst finden sich an mehreren Stellen des Bildes (Jesus am Kreuz, Jesus verrichtet seine Pflichten, der wiederauferstandene Herr). Der Heilige Patrick ist ebenfalls mit einem Kleeblatt in der Hand dargestellt. Und natürlich findet man den Heiligen Johannes, der der Gründer der Kongregation von Jesus und Maria ist.

45 ORTE, UM KULTUR ZU ERFAHREN

5 *besuchenswerte*
KUNSTGALERIEN

366 **KERLIN GALLERY**
Anne's Lane, South Anne St
St. Stephen's Green & Grafton Street ②
+353 (0)1 670 9093
www.kerlingallery.com

Dublin mag zwar nicht über die gleichen Budgets und die gleiche Anziehungskraft wie New York, Paris oder London verfügen, aber man findet trotzdem ein paar reizende und sehr gut gemachte zeitgenössische Kunstgalerien, die einen genaueren Blick verdienen. Der Ausstellungskalender der Kerlin Gallery ist immer voll und kulturell abwechslungsreich – mit Ausflügen ins Abstrakte, Bunte, Schöne, Kühne oder Bizarre.

367 **MOLESWORTH GALLERY**
16 Molesworth St
St. Stephen's Green & Grafton Street ②
+353 (0)1 679 1548
www.molesworthgallery.com

Ähnlich wie die Kerlin Gallery ist auch die Molesworth Gallery ein äußerst spannender Ort. Hier werden die Besucher immer wieder herausgefordert, neu zu überdenken, wie sie Kunst erfahren und damit interagieren. Davon zeugen zum Beispiel Ausstellungen der Künstler Michael Beirne, Martin Redmond oder Helen Blake. Jedes Jahr finden hier acht Einzel- sowie zwei Gruppenausstellungen statt.

368 DOUGLAS HYDE GALLERY

Trinity College
Trinity College & Altstadt ①
+353 (0)1 896 1116
www.douglashydegallery.com

Die Douglas Hyde Gallery wurde nach dem ersten irischen Präsidenten benannt und zeigt für gewöhnlich immer zwei Künstler zur gleichen Zeit; den bekannteren in der größeren, offenen Gallery 1 und eine kleinere Ausstellung in der Gallery 2 (Außenseiterkunst, Fotografie, Textilien). Es gibt zudem jede Menge Bücher zu kaufen.

369 TEMPLE BAR GALLERY + STUDIOS

5-9 Temple Bar
Temple Bar ③
+353 (0)1 671 0073
www.templebargallery.com

Die Temple Bar Gallery arbeitet Hand in Hand mit Artists Studios zusammen und zeigt Installationen und Performancekunst sowie Skulpturen und Videos – ein sehr interessantes und für sich einnehmendes Konzept, das Sie mitten ins Herz der Dubliner Künstlergemeinschaft mitnimmt. Schon gelaufene Ausstellungen zeigten unter anderem Declan Clarke, Amie Siegel und Barbara Knezevic.

370 JORGENSEN GALLERY

35 Molesworth St
St. Stephen's Green & Grafton Street ②
+353 (0)1 661 9721
www.jorgensenfineart.com

Im Jahr 1992 von Modedesigner Ib Jorgensen gegründet, hat sich dieser kleine Dubliner Schatz auf die Ausstellung von irischer, englischer und europäischer Kunst spezialisiert. Selbst wenn man sich hier nichts leisten kann, kann man sich doch die schönen Kunstwerke ansehen; die Jorgensen Gallery repräsentiert eine große Vielfalt an Künstlern, Gemälden und Antiquitäten und ist daher für ein breites Publikum interessant.

5 Höhepunkte der
HUGH LANE GALLERY

IM CHARLEMONT HOUSE
Parnell Square North
O'Connell Street &
Die Quays ④
+353 (0)1 222 5550
www.hughlane.ie

371 **FRANCIS BACON ATELIER**

Bacons Atelier ist so chaotisch wie früher sein Leben. 1909 in Dublin geboren, verbrachte er die meiste Zeit saufend und spielend im Londoner Nachtleben von Soho. Seine Malerei zeigt seine ganz eigene Art des dunkel-verdrehten Surrealismus/Expressionismus. Seine Gemälde zählen zu den teuersten der Welt. In der Hugh Lane Gallery hat man das Atelier des Künstlers originalgetreu nachgestellt.

372 **SEAN SCULLY GALLERY**

So wie Bacon wurde auch Sean Scully in Dublin geboren und ist dann in London aufgewachsen. Später siedelte er nach New York um. Bekannt sowohl als Maler als auch als Grafiker, bietet diese Dauerausstellung einen tollen Einblick in seine Welt der abstrakten Kunst.

371 FRANCIS BACON ATELIER

373 DUBLIN CITY GALLERY

Dies ist die dauerhaft ausgestellte Hugh-Lane-Sammlung, und sie ist riesig. Zu sehen sind Kunstwerke verschiedener Epochen und Orte mit Fokus auf Kunstwerken aus der Mitte des 20. Jahrhunderts, zum Beispiel von Liam Gillick, Inka Shonibare (»Climate Shit Drawings«), Josef Albers (»Homage to the Square«), Alexander Calder und vielen anderen.

374 FRANK O'MEARA UND IRISCHE KÜNSTLER IM AUSLAND

Der mal in Irland, mal in Frankreich lebende O'Meara starb im Alter von 35 Jahren an Malaria. Während seines kurzen Lebens wurde er aufgrund seiner aufrüttelnden impressionistischen Landschaftsmalereien sehr berühmt. Neben den Arbeiten von O'Maera präsentiert diese Kollektion auch Kunstwerke ähnlicher Künstler, die Irland ebenfalls verließen und ihren eigenen Stil im Ausland entwickelten.

375 BUNTGLASZIMMER

Wenn Sie die Hugh Lane Gallery betreten, lassen Sie sich Zeit, denn Sie sollten keinesfalls den kleinen Raum verpassen, der sich direkt neben der Rezeption befindet. Der strahlend helle, kaleidoskopartige Raum ist voll wundervoller Buntglasarbeiten von Künstlern wie Wilhelmina Geddes, Evie Hone, Paul Boney, James Scanlon und natürlich auch Harry Clarke.

Die 5 besten Orte für
LIVEMUSIK

376 **THE SUGAR CLUB**
8 Leeson St Lower
St. Stephen's Green &
Grafton Street ②
+353 (0)1 678 7188
www.thesugarclub.com

The Sugar Club ist der vielleicht einzigartigste Club in ganz Dublin, denn hier wird eine sehr wilde Mischung an Künstlern willkommen geheißen. Vor allem als Treffpunkt für Hiphop, Funk und Jazz bekannt, werden hier auch klassische Filme und Kultschinken gezeigt. Ein wichtiges und immer wieder überraschendes Mehrzweckkunstzentrum mit holzvertäfelten Wänden und sehr ungewöhnlicher Bestuhlung.

377 **THE MEZZ**
23-24 Eustace St
Temple Bar ③
+353 (0)1 670 7655
www.mezz.ie

Das an die Berliner Kneipenszene erinnernde Mezz ist eine wichtige Anlaufstelle für Livemusik aus den Bereichen Rock, Blues und Alternative. Die Bühne ist auf gleicher Höhe wie die Zuschauer und nur wenige Schritte von diesen entfernt, was für eine sehr intime und unmittelbare Atmosphäre sorgt. Große Namen haben genauso wie Newcomer-Bands hier die Gelegenheit zu zeigen, was in ihnen steckt.

378 WHELAN'S

25 Wexford St
St. Stephen's Green & Grafton Street ②
+353 (0)1 478 0766
www.whelanslive.com

In seinen 25 Jahren seit Gründung konnte sich das Whelan's zu einer echten irischen Institution mausern. Die Auswahl der hier auftretenden Künstler ist im ständigen Wandel und umfasst alles, von Trad zu Rock und Metal. Kila, Hozier, Sleaford Mods, Jeff Buckley, Lee Scratch Perry, Nick Cave und die Arctic Monkeys haben hier alle schon gespielt. Zudem finden Comedy-Abende statt.

379 THE INTERNATIONAL BAR

23 Wicklow St
St. Stephen's Green & Grafton Street ②
+353 (0)1 677 9250
www.international-bar.com

Für Jazzfans gibt es in Dublin kein besonders großes Angebot, was schade ist: Es wäre schön, ein wenig Abwechslung in der Szene zu haben, etwas, das sich ein wenig von den traditionellen Jazzclubs abhebt. Doch immerhin finden sowohl in der International Bar als auch im JJ Smyths wöchentliche Jazzabende statt. Informieren Sie sich im Internet oder schauen Sie einfach mal vorbei – sehr faire Preise und absolut lohnenswert.

380 VICAR ST

58-59 Thomas St
Kilmainham & Liberties ⑤
+353 (0)1 775 5800
www.vicarstreet.ie

Hier finden nur Veranstaltungen statt, für die man Eintritt zahlen muss. Bekannte Musiker spielen im Vicar St praktisch jeden Abend – alles von Mercury Rev und Television zu The Breeders und Leftfield. Der Veranstaltungsort ist ausgezeichnet: groß, mit einem bequemen Zugang zur Bar und – das Wichtigste! – die Preise sind in Ordnung (sowohl für die Getränke als auch für den Eintritt).

5 tolle
KINOS

381 **HAPPENINGS**
(an einem Überraschungsort)
www.happenings.ie

Bei Happenings geht es darum, öffentliche Plätze und das hoffentlich gute Wetter zu nutzen. Zur Auswahl stehen Filmvorführungen, Musikveranstaltungen oder Yoga. Jederzeit. Überall. Am besten registrieren Sie sich auf der Website oder werden Fan bei Facebook, um über das aktuelle Programm auf dem Laufenden zu bleiben. Spontaneität ist dabei außerordentlich wichtig, denn Veranstaltungen werden erst 48 Stunden vorher angekündigt.

382 **IRISH FILM INSTITUTE**
6 Eustace St
Temple Bar ③
+353 (0)1 679 3477
www.ifi.ie

Das Irish Film Institute steuert weg von den Multiplex-Popcorn- und Superheldenfilmen und zeigt stattdessen irische Filme sowie Meisterwerke aus aller Welt. Hier bekommen Sie die besten Filme und Premieren, die normalerweise um Dublin einen Bogen machen würden. Zudem finden das ganze Jahr über viele Festivals, Workshops und Spezialabende statt. Im Shop gibt es eine große Auswahl an DVDs.

383 **BROOKS CINEMA CLUB**

59 Drury St
St. Stephen's Green & Grafton Street ②
+353 (0)1 670 4000
www.brookshotel.ie/brooks_cinema_club.html

Der Brooks Cinema Club ist eigentlich Teil des Vier-Sterne-Hotels Brooks Hotel, das auch über ein Café, Lounges und Restaurants verfügt. Das Kino selbst ist zu vermieten und ideal für die Ausrichtung spezieller Veranstaltungen, Geburtstagspartys und Business-Events. Es bietet Platz für bis zu 26 Personen. Man kann sogar seine eigene DVD zum Vorführen mitbringen.

384 **STELLA CINEMA**

209 Rathmines Rd Lower
Ranelagh & Rathmines ⑦
+353 (0)1 497 1281

Von Investoren gekauft und nach zwölf Jahren wie Phönix aus der Asche gestiegen, wurde das Stella Cinema in Rathmines im Sommer 2017 endlich wieder eröffnet. Kommerziell erfolgreiche Blockbusters gehören ebenso zum Programm wie Art-House-Filme. Das Angebot wird ganz modern mit Essen, Luxussitzen und einer Cocktailbar abgerundet.

385 **LIGHT HOUSE CINEMA**

Market Square
Smithfield & Stoneybatter ⑥
+353 (0)1 872 8006
www.lighthousecinema.ie

Das wahrscheinlich modernste und architektonisch interessanteste Kino in Dublin. Das Innere ist supercool und farbenfroh. Es gibt große offene Flächen und ein beeindruckendes Treppenhaus. Der Aufenthalts- und Getränkebereich ist ansprechend gestaltet, die Leinwände sind von bester Qualität.

5 gute Gründe, um das NATIONAL MUSEUM OF DECORATIVE ARTS AND HISTORY zu besuchen

IN DEN COLLINS BARRACKS
Benburb St
Smithfield & Stoneybatter ⑥
+353 (0)1 677 7444
www.museum.ie

386 **EILEEN GRAY**

Neben vielen Sonderausstellungen gibt es in den Collins Barracks eine umfangreiche Dauerausstellung. Die irische Pionierin Eileen Gray hat sich zu einer der ikonischsten Designerinnen und Architektinnen etabliert. Diese umfangreiche Ausstellung umfasst alles, von ihrem Privatleben zu ihren professionellen Projekten, darunter auch eine Auswahl ihrer berühmten Tische und Stühle.

387 **KINGSHIP & SACRIFICE**

Wer möchte nicht die Überreste von Menschenopfern (der Gallagh-Mensch und der Baronstown-West-Mensch), deren Werkzeug und Schmuck sehen und dabei mehr an grausigen Einzelheiten erfahren? Zum Beispiel, was es mit der sogenannten Moorbutter auf sich hat …

388 ASGARD

Wenn Schiffe doch nur reden könnten! Die restaurierte Jacht Asgard ist seit 2012 Teil der Ausstellung. Sie wurde 1904 vom berühmten norwegischen Bootsbauer Colin Archer gefertigt und befand sich im Besitz des Autors und Nationalisten Erskine Childers. Seinen hohen Bekanntheitsgrad erlangte es aufgrund seiner Rolle während der Waffenschmuggel-Affäre von 1914: Childers versuchte, irische Freiwillige in Howth mit Gewehren zu versorgen, die er aus Deutschland mitgebracht hatte.

389 THE TREASURY

Diese Sammlung frühmittelalterlicher Schmuckstücke aus Irland – größtenteils aus Gold und mit Juwelen besetzt – ist in der Tat eine echte Fundgrube. Hier werden viele bekannte Stücke von historischem Wert ausgestellt – so zum Beispiel der Kelch von Ardagh, die Tara-Brosche und das Kreuz von Cong.

390 ROMANCE & REALITY

Das Museum entführt Sie von der Stadt aufs Land: Diese Ausstellung, die in die Traditionen und Folklore des Landlebens eintaucht, wird Ihnen helfen, eine ganz neue, faszinierende Seite des Lebens auf dem Land zu entdecken. Es geht dabei um viel mehr als nur Einfachheit und Romantik: Im Fokus stehen Handwerk, Knochenarbeit, Anpassung, Fertigkeiten und Einfallsreichtum.

5 *ungewöhnliche* MUSEEN

391 **IRISH JEWISH MUSEUM**
3 Walworth Road,
Wood Quay
Ranelagh &
Rathmines ⑦
+353 (0)1 453 1797
www.jewishmuseum.ie

1985 eröffnete der damalige israelische Präsident Dr. Chaim Herzog das Irish Jewish Museum, das sich in einer ehemaligen Synagoge befindet. Ziel des Museums ist es, sich den Besuchern zu öffnen und über die Geschichte der kleinen jüdischen Gemeinde in Irland aufzuklären. Dabei werden besonders die letzten 150 Jahre beleuchtet und gezeigt, wie die Gemeinschaft auch in schwierigen Zeiten gedeihen konnte.

392 **THE CHESTER BEATTY LIBRARY & MUSEUM**
IN DEN GÄRTEN DES DUBLIN CASTLE
Dame St
Trinity College &
Altstadt ①
+353 (0)1 407 0750
www.cbl.ie

Das Chester Beatty Library & Museum sollte bei jedem Dublin-Besucher ganz oben auf der Liste stehen: Hier befindet sich eine der umwerfendsten Sammlungen alter Manuskripte und Bücher in Europa: Ägyptische Totenbücher, Liebesgedichte, Lehrwerke zur Buchbinderei, eine riesige Sammlung religiöser Texte und Papyri, eine umfangreiche asiatische und islamische Sammlung – hier gibt es viele Schätze zu entdecken.

393 **YE OLDE HURDY GURDY MUSEUM OF VINTAGE RADIO**

6 Balscadden Road, Howth
Nord-Dublin ⑧
www.hurdygurdyradiomuseum.wordpress.com

Ein Hurdy-Gurdy ist eine Drehleier, also ein Saiteninstrument, das über eine Kurbel betrieben Töne erzeugt. Bei richtigem Gebrauch kann dies sehr melodiös klingen. Der Begriff steht im Irischen auch für das Radio, weswegen dieses Museum im Martello-Turm sich mit allen Dingen befasst, die mit Kommunikation zu tun haben. Museumsdirektor Pat Herbert zeigt Ihnen gern die außergewöhnliche Sammlung.

394 **THE MUSEUM FLAT, AUCH NELLIE'S FLAT GENANNT**

IM IVEAGH TRUST
3-B Patrick St
Kilmainham & Liberties ⑤
+353 (0)1 454 2312
www.theiveaghtrust.ie

Die 1904 erbaute Wohnung hatte zu Beginn einen regen Wechsel an Bewohnern. 1915 zog dann die Molloy-Familie ein und blieb über zwei Generationen. Nach dem Tod von Nellie Molloy 2002 wurde entschieden, die Wohnung mithilfe des Iveagh Trust als Museum fortbestehen zu lassen. Die Zeitkapsel ist von Montag bis Freitag geöffnet. Um Reservierung wird gebeten.

395 **THE LITTLE MUSEUM OF DUBLIN**

15 St. Stephen's Green
St. Stephen's Green & Grafton Street ②
+353 (0)1 661 1000
www.littlemuseum.ie

Das Volkskundemuseum Dublins, genannt The Little Museum of Dublin, befindet sich in einem georgianischen Haus aus dem 18. Jahrhundert. Alles, was hier ausgestellt wird, wurde von Bürgern der Stadt gestiftet. Die Sammlung dokumentiert die Geschichte und Entwicklung Dublins. Es gibt Dauer- und wechselnde Sonderausstellungen. Der Besuch ist nur mit einer geführten Tour möglich – unbedingt frühzeitig buchen!

395 THE LITTLE MUSEUM OF DUBLIN

5 wichtige und interessante
THEATER

396 **THE ABBEY THEATRE**
26-27 Abbey St Lower
O'Connell Street &
Die Quays ④
+353 (0)1 878 7222
www.abbeytheatre.ie

The Abbey Theatre ist ein Synonym für Vielfalt und Innovation. Hier wird immer eine interessante Mischung aus sowohl lokalen als auch internationalen Schriftstellern und Künstlern gezeigt. Im Jahr 1904 von W. B. Yeats und Lady Augusta Gregory gegründet, fanden in der Abbey bereits Uraufführungen klassischer Werke von J. M. Synge und Sean O'Casey sowie zeitgenössischer Klassiker von Autoren wie Sebastian Barry, Sam Shepard und Brian Friel statt.

397 **THE GAIETY THEATRE**
King St South
St. Stephen's Green &
Grafton Street ②
+353 (0)1 456 9569
www.gaietytheatre.ie

Hier geht es weniger um Drama als vielmehr um Musicals, Comedy und Pantomime. Das 1871 eröffnete Theater war Heimat solch weltbekannter Shows wie »Riverdance«, »Beauty and the Beast« und sogar des Eurovision Song Contests. Die bronzenen Handabdrucke auf dem Pflaster vor dem Eingang stammen unter anderem von Luciano Pavarotti, Brendan Grace, Twink und John B. Keane.

398 **SMOCK ALLEY THEATRE**
6-7 Exchange St Lower
Temple Bar ③
+353 (0)1 677 0014
www.smockalley.com

Nach 350 Jahren wurde das Smock Alley Theatre im Jahr 2012 endlich wieder neu eröffnet. Heute ist es ein Zentrum für Kreativität und ein Heim für die Oper, für Installationen, Comedy, Gesang, Tanz und Kunst. Zur Wahl stehen der gemütliche Hauptsaal, der Boys School Kirchensaal und ein Bankettsaal.

399 **THE NEW THEATRE**
43 Essex St East
Temple Bar ③
+353 (0)1 670 3361
www.thenewtheatre.com

Die Essex Street liegt an einem Ende von Temple Bar, hinter den ganzen irischen Bars, und bietet so einige interessante Anlaufpunkte. Hier befindet sich auch The New Theatre, das sich dem Zweck verschrieben hat, Künstlern, Autoren und Darstellern ein Sprachrohr zu geben. Es gibt immer eine interessante Auswahl an Filmen, Theaterstücken und Gesprächsrunden. Junge Autoren und Darsteller sind besonders willkommen und werden speziell gefördert.

400 **THEATRE UPSTAIRS**
10-11 Eden Quay
O'Connell Street &
Die Quays ④
+353 (0)85 772 7375
www.theatreupstairs.ie

Wenn Sie das Theater lieben, ist dies vielleicht genau die richtige Wahl. Der Saal ist klein – er fasst gerade mal 44 Zuschauer, was für eine sehr intime Atmosphäre sorgt. Als Zuschauer fühlt man sich sofort als Teil des Stücks. Das Theatre Upstairs ist stolz darauf, neue, junge und gerade entdeckte Theaterschriftsteller zu zeigen und wirft ab und zu auch bekannte Namen mit in den Mix.

5 KÜNSTLER,

die man sich näher anschauen sollte

401 ROBERT BALLAGH

Robert Ballagh ist ein ganz besonderer Künstler. Sein Werk ist stark von der Pop Art beeinflusst und zeigt dicke schwarze Linien und knallbunte Farbblöcke. Neben seinen beinahe fotorealistischen Porträts sind die Bilder oft politisch oder historisch thematisiert und bewegen sich zwischen abstrakter Form und figurativer Malerei bekannter Figuren oder Ereignisse.

402 DUNCAN CAMPBELL

In Dublin geboren, aber in Glasgow lebend, war Campbell 2014 Empfänger des Turner Prizes, den er für seinen 54-minütigen Kurzfilm »It for Others« erhalten hat. Darin geht es unter anderem um marxistische Ideologie, Tanz und afrikanische Kunst. Seine Filme befassen sich größtenteils mit einem bestimmten Zeitmoment in der Geschichte. Mittels Archivmaterial gibt er seinen Ideen Gestalt. Seinen 2009 erschienenen Film »Make it new, John« sollte man unbedingt gesehen haben.

403 MAINIE JELLETT

In den 20er-Jahren war Jellett mit ihrer Mischung aus abstrakten und kubistischen Gemälden eine absolute Trendsetterin in der Kunstwelt. Die Entwicklung ihres Stils wurde durch die Kunst, die sie während ihrer Aufenthalte in Dublin, London und Paris sehen konnte, stark beeinflusst. Ihr berühmtes Werk »Decoration« (1932) war eines der ersten abstrakten Gemälde, die in Irland gezeigt wurden.

404 HARRY KERNOFF

Auch wenn Kernoff nicht in Dublin geboren wurde, lebte er hier doch seit Kindesbeinen an und verbrachte fast sein gesamtes Leben in der Stadt. Seine Darstellungen der Stadt und ihrer Bewohner wurden zum Markenzeichen. Kernoff war ein außergewöhnliches Talent und wurde Zeit seines Lebens sehr unterschätzt; erst später wurde er als führende Persönlichkeit der modernistischen Bewegung identifiziert und sein Werk anerkannt.

405 SARAH PURSER

Purser war sowohl eine berühmte Glasals auch eine ausgezeichnete Porträtmalerin, die in der Schweiz, in Irland und Frankreich ausgebildet wurde. Ihr Talent liegt im Verständnis und der Nutzung von Komplimentärfarben sowie der Herausarbeitung realistischer Gesichtsausdrücke ihrer Sujets. Als Künstlerin war sie sehr begehrt und erhielt viele Aufträge von britischen Adelshäusern.

5 SCHRIFTSTELLER,

die man lesen sollte

406 SHERIDAN LE FANU

Bevor es Bram Stoker und seinen »Dracula« gab, war da bereits ein anderer erwähnenswerter Schauerromanautor namens Sheridan Le Fanu – ein meisterhafter Schreiber von Gespenstergeschichten, die in viktorianischen Zeiten äußerst beliebt waren. Die Vampir-Novelle »Carmilla« ist 26 Jahre älter als »Dracula«. Sheridan Le Fanus Kurzgeschichtensammlung ist ein absolutes Muss für jeden Schauerliteratur-Interessierten.

407 DERMOT BOLGER

Als Romanautor, Dichter und Theaterschreiber, der in Dublin geboren und aufgewachsen ist, aber in Glasgow gelebt hat, blickt Bolger auf eine lange Karriere zurück, während der er über die Arbeiterklassen und den Kampf des Einzelnen in der Gesellschaft erzählt. Seine Erzählungen sind unmissverständlich irisch, aber gehen weit über die übliche irische Misere, wie sie bei John McGahern und Frank McCourt thematisiert wird, hinaus und entführen den Leser ins moderne Dublin, nach London und darüber hinaus.

408 ELIZABETH BOWEN

Die Autorin Bowen hatte ein unglaublich buntes privates und gesellschaftliches Leben und traf sich oft mit der Bloomsbury Group, Carson McCullers, A. S. Byatt und Iris Murdoch, während sie wechselnde Beziehungen zu Frauen und Männern unterhielt. Doch viel wichtiger sind ihre hoch angesehenen Romane: »Das Haus in Paris«, »Kalte Herzen« und der für den Man Booker Prize nominierte Roman »Seine einzige Tochter«.

409 EAVAN BOLAND

Die meisten Iren einer bestimmten Generation erinnern sich noch aus Schulzeiten an die lebendigen und visuellen Gedichte von Eavan Boland (»The Pomegranate«). Die Werke dieser vielfältig talentierten, oft ausgezeichneten Dichterin, Autorin und Professorin drehen sich vor allem um die irische Identität und die Rolle der Frau in unserer Gesellschaft.

410 OLIVER ST. JOHN GOGARTY

Nein, wir sprechen nicht vom völlig überteuerten Pub in Temple Bar, sondern von der realen Person, nach der dieser Pub benannt ist. Gogarty war ein Mann mit vielen Talenten: ein Dichter, ein Schriftsteller, ein wenig erfolgreicher Arzt, sogar ein Sportler. Er hat mehrere Theaterstücke, Bücher mit Prosa und Gedichte verfasst. Sein guter Freund James Joyce setzte ihm mit der Figur Buck Mulligan in »Ulysses« ein schriftstellerisches Denkmal.

The Ark
Put Yourself in the Portrait Gallery
AT ANY TIME

20 DINGE, DIE MAN MIT KINDERN UNTERNEHMEN KANN

5 kindgerechte ABENTEUER

411 **AIRFIELD ESTATE**
Overend Avenue,
Dundrum
Süd-Dublin ⑨
+353 (0)1 969 6666
www.airfield.ie

Das als Lehr- und Unterhaltungszentrum 1974 eröffnete, 15 Hektar große Gelände bietet alles, was man sich als Erwachsener oder Kind für einen unterhaltsamen Tag wünschen kann. Es gibt ein Café, ein Geschichtsmuseum und (ganz wichtig!) einen Bauernhof mit Gärten. Die Kinder können nach wilden Tieren Ausschau halten, beim Melken der Jersey-Kühe mithelfen und den Obst- und Gemüsegarten erkunden.

412 **VIKING SPLASH TOUR**
St. Stephen's Green North
St. Stephen's Green & Grafton Street ②
+353 (0)1 707 6000
www.vikingsplash.com

Bei dieser einzigartigen Stadtrundfahrt erhält jeder Teilnehmer einen Wikingerhelm. Unter viel Gejohle geht es mit dem Bus durch die Stadt, während der spaßige Führer die historischen Sehenswürdigkeiten vorstellt. Das Highlight für viele Kinder ist der Moment, wenn sich der Bus in ein Boot verwandelt und die Fahrgäste mitnimmt auf eine Rundfahrt auf dem ruhigen Gewässer des Grand Canal Harbour.

413 FORT LUCAN OUTDOOR ADVENTURELAND

Westmanstown, Lucan
Nord-Dublin ⑧
+353 (0)1 628 0166
www.fortlucan.com

Im Indoor-Spielplatz Fort Lucan gibt es alles. Das Kletterfort im Zentrum sieht aus wie eine Burg, komplett mit Türmen, Wehrgängen und Drehbrücken, die alles zusammenhalten. Es gibt Rutschen, Zugbrücken und vieles mehr. Keine Lust mehr auf diesen tollen Spielplatz? Dann gibt es noch Gokarts, Mittelalter-Golfen und zwei Wildwasserrutschen.

414 RAINFOREST ADVENTURE GOLF

Dundrum Town Centre
Süd-Dublin ⑨
+353 (0)1 296 4588
www.rainforest adventuregolf.ie

Was ist besser als Minigolf? Abenteuer-Minigolf natürlich! Und was ist besser als Abenteuer-Minigolf? Regenwald-Abenteuer-Minigolf! Teils erzieherisch, teils einfach nur lustig und totaler Quatsch, ist dieser Minigolfplatz ein Riesenspaß für Jung und Alt. Gestaltet ist der Parcours als Fantasiewelt mit Ländern und Tempeln zweier untergegangener Zivilisationen, nämlich denen der Mayas und der Azteken.

415 THE NATIONAL WAX MUSEUM PLUS

22-25 Westmoreland St
Trinity College & Altstadt ①
+353 (0)1 671 8373
www.waxmuseumplus.ie

Im Jahr 2017 zog dieses Wachsfigurenkabinett von seiner alten Adresse am Foster Place in sein neues Zuhause mitten im Stadtzentrum von Dublin. Die Kinder lieben die verschiedenen Stars, Cartoonfiguren, Aliens und Star-Wars-Charaktere, die hier ausgestellt sind, ganz besonders die eher grausigen und gruseligen Abbilder berühmter Freaks, Vampire und Monster.

5 coole Orte, wo man

SPIELERISCH LERNT

416 THE ARK

11-A Eustace St
Temple Bar ③
+353 (0)1 670 7788
www.ark.ie

1995 erbaut, soll das Kulturzentrum Kinder in den Künsten unterrichten und ihnen helfen, sich kreativ zu entfalten. Aufführungen, Malstunden, Workshops und andere Aktivitäten geben Kindern Inspiration und erlauben ihnen, sich selbst die Hände dreckig zu machen.

417 IMAGINOSITY – DUBLIN CHILDREN'S MUSEUM

Beacon South Quarter, Sandyford
Süd-Dublin ⑨
+353 (0)1 217 6130
www.imaginosity.ie

Imaginosity bietet Sonderausstellungen, Aktivitäten und Lernbedingungen für alle Altersgruppen, von Bereichen für Babys und Kleinkinder ab sechs Monaten bis hin zu Spielszenen und Aktivitäten für Kinder bis zu neun Jahren, zum Beispiel einen Dorfmarkt, ein Wasserlaboratorium oder ein Marionettentheater.

418 PINE FOREST ART CENTRE

Glencullen, Kilternan
Süd-Dublin ⑨
+353 (0)1 294 1220
www.pineforestartcentre.com

Pine Forest, ein Kunst- und Kunsthandwerkszentrum in den Dubliner Bergen, wurde 1973 von der Künstlerin und Lehrerin Mary Carroll gegründet. Hier werden verschiedene Kreativkurse zum Thema Malen und Zeichnen angeboten. Bei Waldführungen sammeln die Kinder neue Materialien für ihre Ideen.

419 **NATIONAL AQUATIC CENTRE**
Snugborough Road, Blanchardstown
Nord-Dublin ⑧
+353 (0)1 646 4300
www.national aquaticcentre.ie

Eines der größten Hallenbäder Europas ist ein guter Ort, um schwimmen zu lernen. Das Highlight ist die Aquazone: ein großes, verwobenes Netzwerk aus Wasserrutschen mit Namen wie Master Blaster, Green Giant Flame und Dark Hole Flume. Die Kinder lieben auch das coole Piratenschiff.

420 **DUBLINIA**
Christ Church
St Michael's Hill, Merchant's Quay
Trinity College & Altstadt ①
+353 (0)1 679 4611
www.dublinia.ie

Über die Wikinger und das Mittelalter zu lernen, kann kaum unterhaltsamer sein. Die Kinder sehen sich Kriegern aus lange vergangenen Zeiten gegenüber, die tapfer kämpften und ein gefährliches Leben führten, finden heraus, wie Dublin vor 700 Jahren ausgesehen hat, staunen über die vielen Artefakte und besuchen mit ihrer Familie den St. Michael's Tower.

416 THE ARK

420 DUBLINIA

5 tolle
SPIELPLÄTZE

421 WEAVER PARK
128 Cork St,
Merchant's Quay
Kilmainham &
Liberties ⑤

Dublins neuester Park ist immer noch sehr gut in Schuss. Für alle Altersklassen ausgelegt, bietet er ausgedehnte Rasenflächen, einen (lang ersehnten) Skatepark und natürlich einen Kinderspielplatz. Dieser ist mit Schaukeln, weichem Holzhackschnitzel und einem riesigen Holzklettergerüst mit etlichen Rutschen, Leitern und vielem mehr ausgestattet.

422 DEERPARK
18 Mount Anville Road,
Mount Merrion
Süd-Dublin ⑨
www.mountmerrion.ie/deerpark

Dieser wunderschöne, 13 Hektar große Park ist sehr familienfreundlich und rund um die Uhr zugänglich. Er verfügt über eine Fülle von Einrichtungen für Hundebesitzer (im Wald gibt es ein Areal, wo man die Hunde von der Leine lassen darf), Jogger (einen anderthalb Kilometer langen Weg sowie fünf Trainingsbereiche) und natürlich auch für Kinder: Ein riesengroßer Spielplatz mit Türmen, Rutschen, Schaukeln und ein Eisladen befindet sich in der Nordostecke des Parks.

423 MARLAY PARK
(DER GRÖSSERE DER BEIDEN)

16 Grange Road,
Rathfarnham
Süd-Dublin ⑨
+353 (0)1 204 7244

Dieser weitläufige Spielplatz ist sehr gepflegt und bietet eine Auswahl sonderbarer und lustiger Maschinen und Gegenstände, einige davon aus Seilen, andere wiederum aus Holz. Es gibt Rampen und Rutschen, Schaukeln, hohe Türme aus Kletternetzen und so weiter. Wenn die Kinder einmal drin sind, ist es schwierig, sie wieder einzufangen.

424 HERBERT PARK

4 Herbert Park,
Ballsbridge
Süd-Dublin ⑨
+353 (0)1 660 1875

Genauso wie im Marlay Park gibt es hier gleich zwei Spielplätze. Der kleinere davon wurde erst vor Kurzem renoviert und ist ein toller Spielbereich für jüngere Kinder. Er hat einen Boden aus Holzhackschnitzeln und einige brandneue, wenn auch schlichte Spielgeräte: Rutsche, Kletterburg, Schaukeln, Drehrad, Wippe und Kletternetz.

425 FATHER COLLINS PARK

The Hole in The Wall
Road, Donaghmede
Nord-Dublin ⑧
+353 (0)1 222 5278

Mitten in einem ungefähr zehn Hektar großen Park mit Joggingstrecken, Sportfeldern, Picknickwiesen und Skatepark befinden sich auch zwei Spielplätze. Hier findet man eine typische Auswahl an fantastischen Rutschen und Kletterburgen sowie die weniger bekannten Kletterstangen, Federwippen und eine Supernova (ein schwer zu beherrschendes Drehrad, auf dem man mitlaufen oder -fahren kann).

5 *Adressen für kleine* SCHLECKERMÄULER

426 **THE CHOCOLATE WAREHOUSE**
IM INDUSTRIEGEBIET MULCAHY KEANE
Greenhills Road, Walkinstown
Süd-Dublin ⑨
+353 (0)1 450 0080
www.chocolatewarehouse.ie

The Chocolate Warehouse steht hinter einigen der leckersten Schokoverführungen Irlands, zum Beispiel den Snowballs, Tea Cakes und dem Macaroon-Riegel. Es macht riesig Spaß, mit Kindern an einer Tour teilzunehmen oder einen Workshop mitzumachen, zum Beispiel im Rahmen eines Kindergeburtstags. Der zweistündige Besuch beinhaltet ein Lehrvideo, eine Demonstration sowie natürlich das Allerbeste: die Möglichkeit, seine eigenen Schokospezialitäten herzustellen.

427 **SCRUMDIDDLY'S**
4 Crofton Road, Dún Laoghaire
Süd-Dublin ⑨
www.scrumdiddlysworld.com

Vorsicht vor der Überdosis Zucker! Bestellen Sie sich hier Ihr Rocky-Road- oder Apfelstreuseleis, Waffeln oder Crêpe oder einfach nur ein simples Vanilleeis und bestreuen Sie es dann mit Rolo's, Maltesers, Weingummi oder einer ordentlichen Portion Schokosauce. Sie haben die Wahl!

428 **CAPTAIN AMERICAS**
44 Grafton Street
St. Stephen's Green & Grafton Street ②
+353 (0)1 671 5266
www.captainamericas.com

Die Chancen stehen nicht schlecht, dass die Kinder dieses Restaurant sofort in ihr Herz schließen werden, denn es wurde nach einem der coolsten Superhelden überhaupt benannt. Innen ist es von oben bis unten mit bunten Memorabilia eingerichtet, sodass es viel zu gucken gibt, und natürlich finden sich auch Kindergerichte auf der Karte. Erwachsene werden aber natürlich ebenfalls nicht enttäuscht – alles in allem ein sehr familienfreundliches Restaurant.

429 **BAY RESTAURANT**
367 Clontarf Road, Clontarf
Nord-Dublin ⑧
+353 (0)1 853 2406
www.bay.ie

Sehr freundlich, sehr gemütlich und in vielfacher Hinsicht perfekt für Kinder. Besuchen Sie dieses Restaurant mit Ihrer Familie an einem Dienstag; dann können Kinder gratis essen. An jedem anderen Tag gibt es für sie Smoothies und Miniburger oder kleinere Portionen Spaghetti Bolognese, Fisch oder Hühnchen. Hinterher kann man sich noch ein Eis oder einen Brownie gönnen.

430 **MILANOS**
Crofton Road, Harbour Square, Dun Laoghaire
Süd-Dublin ⑨
+353 (0)1 663 7640
www.milano.ie

Milanos ist voll mit hungrigen und ungeduldigen Kindern. Ein beliebtes Restaurant bei jungen Familien, selbst solchen mit wählerischen Kindern, denn wer mag nicht eine gute Pizza? Zudem gibt es hier Rätsel und Ausmalseiten für die Kleinen sowie Pizzakochstunden für Jung und Alt. So werden die Kinder schon von klein auf an die Welt der italienischen Küche herangeführt.

431 **THE GENERATOR HOSTEL**

15 ORTE ZUM SCHLAFEN

5 *gemütliche* HOSTELS

431 **THE GENERATOR HOSTEL**
Smithfield Square
Smithfield & Stoneybatter ⑥
+353 (0)1 901 0222
www.generatorhostels.com

Vor gar nicht so langer Zeit gab es in Dublin noch keine große Auswahl an preiswerten und sicheren Hostels, aber glücklicherweise hat sich dies in den letzten Jahren geändert. The Generator Hostel ist eines der besten Hostels, denn zum Angebot gehören saubere Zimmer, ein tolles Design und eine erstklassige Bar, gute Preise, eine freundliche Gemeinschaft in bester Lage sowie einige der besten Burger der Stadt.

432 **ISAACS HOSTEL**
2-5 Frenchman's Lane, Mountjoy
O'Connell Street & Die Quays ④
+353 (0)1 855 6215
www.isaacs.ie

Mountjoy ist nicht immer der sicherste Stadtteil in Dublin – am besten geht man nachts nicht allein nach Hause. Aber das Hostel, das sich hier befindet, zählt zweifellos zu den schönsten und gepflegtesten der Stadt, denn es hat einen unglaublich coolen Keller, der wie ein Weinkeller aussieht, sowie eine hübsche Backsteinfassade mit Flaggen und roter Farbe. Die Ausstattung ist schlicht, aber dafür sind die Zimmerpreise sehr gut.

433 BARNACLES HOSTEL

19 Temple Lane South
Temple Bar ③
+353 (0)1 671 6277
www.barnacles.ie

Sie werden wahrscheinlich wenig Schlaf kriegen in diesem Hostel im Herzen von Temple Bar, aber wenn Sie sowieso eher zum Feiern in der Stadt sind, dann sind Sie hier am richtigen Ort. (Wenn Sie eine ruhige Unterkunft bevorzugen, wählen Sie lieber eines der anderen Hostels aus dieser Liste.) Das Barnacles bietet eine Reihe von praktischen Dienstleistungen und Annehmlichkeiten, von kostenloser Wäscherei und Stadtrundgängen bis zum 24-Stunden-Sicherheitsdienst.

434 CANBE HOSTEL

Irgendwo in Temple Bar
+353 (0)1 551 5733
www.canbe.ie/hostel

Nach einem bahnbrechenden Erfolg und vielen positiven Kritiken zu den anderen beiden Locations der Stadt (Gardiner Street und Garden Lane, eine Seitenstraße der Francis Street) – ist der Bezirk Temple Bar nun das nächste Ziel in den Erweiterungsplänen des Canbe Hostels. Die genaue Adresse ist noch geheim: Augen aufhalten und rechtzeitig buchen!

435 ABIGAIL'S HOSTEL

7-9 Aston Quay
Temple Bar ③
+353 (0)1 677 9300
www.abigailshostel.com

Sehr zentral gelegen, denn der Liffey und die O'Connell Street sind direkt vor der Tür und Temple Bar im Rücken; wenn man den allabendlichen Lärm ausblenden kann, gibt es keine bessere Lage. Das Gebäude ist gut durchgeplant, sauber und aufgeräumt, und es gibt zahlreiche Services und Annehmlichkeiten. Die Zimmer können allerdings etwas teurer sein und es muss frühzeitig reserviert werden.

5 Unterkünfte zu FAIREN PREISEN

436 **KING SITRIC**
East Pier, Howth
Nord-Dublin ⑧
+353 (0)1 832 5235
www.kingsitric.ie

Meerblick und das Kreischen von Möwen – das muss doch was wert sein! Wenn Sie rechtzeitig buchen, zahlen Sie als Pärchen 150 Euro die Nacht für ein Standardzimmer – ein sehr vernünftiger Preis für ein Hotel mit hübschen Zimmern und erstklassigem Restaurant.

437 **THE TRINITY CITY HOTEL**
2 Pearse St
Trinity College & Altstadt ①
+353 (0)1 648 1000
www.trinitycityhotel.com

Die Pearse Street befindet sich in Laufweite zu allem, was wichtig ist, weshalb dieses Hotel eine tolle Wahl ist für Gäste, die gern bummeln gehen oder geschäftlich in der Stadt sind. Es gibt eine Reihe von Zimmertypen zur Auswahl (Klassik-Zimmer, Georgianische Suiten …) und verschiedene Pauschalangebote. Essen und Restaurant sind vorzüglich.

438 **NUMBER 31**
31 Leeson Close
St. Stephen's Green & Grafton Street ②
+353 (0)1 676 5011
www.number31.ie

An den Toren zum Stadtzentrum befindet sich in einem georgianischen Stadthaus diese »Boutique-Pension«. Die Zimmer sind gemütlich und komfortabel. Das Frühstück soll das beste in ganz Irland sein, und der Garten und Außenbereich sind wunderschön anzusehen.

439 THE GIBSON HOTEL

Point Square
Nord-Dublin ⑧
+353 (0)1 681 5000
www.thegibsonhotel.ie

Ein sehr cooles, modernes und stylisches Vier-Sterne-Hotel mit Korridoren aus Glas und jeder Menge moderner Kunst. The Gibson Hotel liest Ihnen jeden Wunsch von den Augen ab, ob ruhige Abende oder Musik, Drinks und Tanz.

440 THE SCHOOLHOUSE HOTEL

2-8 Northumberland Road, Ballsbridge
Süd-Dublin ⑨
+353 (0)1 667 5014
www.schoolhousehotel.com

Ein wunderschönes Hotel mit vier Sternen, außen hübsch gestaltet mit roten Backsteinen, innen mit gebogenen Holzbalken, gemütlichen Sesseln und prasselndem Kaminfeuer. Das Essen, zubereitet von Chefkoch Francois Grelet, hat ein ausgezeichnetes Preis-Leistungs-Verhältnis. Insgesamt spiegeln die Preise die Qualität des Hotels angemessen wider.

438 NUMBER 31

5 Hotels für eine Nacht im LUXUS

441 **THE MARKER HOTEL**
Grand Canal Square, Docklands
O'Connell Street & Die Quays ④
+353 (0)1 687 5100
www.themarkerhoteldublin.com

Dieses Fünf-Sterne-Hotel befindet sich in strategisch günstiger Lage neben dem Bord Gais Energy Theatre. Hier ist alles mehr als nur beeindruckend. Viel Stil im Überfluss: die Wände, die Bar und natürlich die opulent eingerichteten Zimmer mit Malin+Goetz-Produkten. Die Bar auf dem Dach ist ebenfalls supercool.

442 **THE MERRION HOTEL**
Merrion Street Upper
St. Stephen's Green & Grafton Street ②
+353 (0)1 603 0600
www.merrionhotel.com

Eines der besten Hotels, wenn es um Stil und Extravaganz geht. Der Swimmingpool sieht aus, als käme er aus einem Kaiserpalast. Es gibt eine herrliche Kunstsammlung, die Zimmer verfügen über Queen- oder King-Size-Betten, und das Restaurant, Patrick Guilbaud, ist das einzige in Irland, das vom Reiseführer Michelin mit zwei Sternen ausgezeichnet wurde.

443 **THE IVEAGH GARDEN HOTEL**
72-74 Harcourt St
St. Stephen's Green & Grafton Street ②
+353 (0)1 568 5500
www.iveaghgardenhotel.ie

Das für 40 Millionen Euro erbaute Hotel hat als besonderes Merkmal eine eigene erneuerbare Energiequelle: einen unterirdischen Fluss, 50 Meter unter der Harcourt Street. Erstklassig ist zudem Elle's Bar und Bistro. Die Zimmertypen reichen von City Pods bis zur Präsidentensuite.

444 THE SHELBOURNE HOTEL

27 St. Stephen's Green
St. Stephen's Green &
Grafton Street ②
+353 (0)1 663 4500
www.marriott.com/hotels

Betreten Sie das Haus durch den Eingang mit den schwarz gekleideten Portiers, genießen Sie einen eleganten White Russian an der Bar, und überlegen Sie dann, was Sie als Nächstes tun möchten. Auf Ihrem Zimmer entspannen? Das Fitnesscenter mit Hallenbad besuchen? Oder einen Blick auf die rund um die Uhr geöffneten Restaurants werfen? Hier steht Ihnen die Welt offen.

445 THE FITZWILLIAM HOTEL

127-128 St. Stephen's Green
St. Stephen's Green &
Grafton Street ②
+353 (0)1 478 7000
www.fitzwilliamhoteldublin.com

Dieses sehr schicke Fünf-Sterne-Hotel entführt Sie ins georgianische Dublin. Was auch immer Sie wünschen, nichts ist für dieses Hotel unmöglich. Die Gästezimmer sind riesig und äußerst komfortabel, das Personal sachkundig und freundlich, und es gibt zwei Feinschmeckerrestaurants direkt im Haus.

441 THE MARKER HOTEL

20 AKTIVITÄTEN FÜRS WOCHENENDE

5 Abenteuer
IM FREIEN

446 **WAKEDOCK WAKE PARK & PRO SHOP**
South Dock Road, Grand Canal Dock
Süd-Dublin ⑨
+353 (0)1 664 3883
www.wakedock.ie

Wakeboarding ist, wenn man die kürzere, dickere Version eines Surfboards reitet, während man sich von einem Motorboot ziehen lässt. Fantastische Luftsprünge und Manöver sind optional. In den Dubliner Docklands findet man dafür ein sicheres Wasserareal mit einer Reihe von Hindernissen zum Üben von Stunts.

447 **GOLF**
An verschiedenen Orten
www.gogolfing.ie

In Irland gibt es zahlreiche Golfplätze, allein in Dublin mehrere Dutzend, die für Laien und Profis eingerichtet sind. Zu den besten zählen Portmarnock und der herausragende Royal Dublin Golf Club auf North Bull Island.

448 **WINDHUNDRENNEN IM SHELBOURNE PARK**
IM SHELBOURNE PARK
South Lotts Road
Süd-Dublin ⑨
1890 269 969
www.igb.ie/shelbournepark

Shelbourne ist bekannt für Windhundrennen und Wetten, aber es gibt noch mehr, was man hier unternehmen kann: gemütliche Drinks und gutes Essen mit Blick auf die Rennstrecke, Firmenveranstaltungen und Junggesellenabschiede. Freitag- und samstagabends verkehrt um 19 Uhr ein kostenloser Shuttlebus von Burgh Quay.

449 **KITESURFING**
IM PURE MAGIC
370 Clontarf Road,
Dollymount Beach
Nord-Dublin ⑧
+353 (0)1 805 4912
www.puremagic.ie/dublin

Kitesurfen ist eine Mischung aus mehreren Wassersportarten: Surfen, Gleitschirmfliegen und Windsurfen. Man arbeitet mit dem Wind und hat ein speziell gefertigtes Kiteschirm-Set, das einen – auf einem Brett stehend, das so ähnlich aussieht wie ein Wakeboard – vorwärts treibt. Dollymount Strand ist perfekt für Anfänger, denn das Wasser bleibt lange relativ flach und seicht.

450 **RAFTING**
IM CANOE CENTRE
Mill Lane, Palmerstown
Nord-Dublin ⑧
+353 (0)1 626 4363
www.rafting.ie

Wir geben zu: Es ist kein Wildwasserrafting im Grand Canyon, aber es macht trotzdem Spaß – und ist weitaus sicherer. Das Abenteuer beginnt ca. 20 Minuten außerhalb des Stadtzentrums in Palmerstown und endet auf einem Abschnitt des Liffey auf Höhe des Phoenix Parks. Entlang der Strecke gibt es viel Natur zu sehen und einige Staudämme zu umschiffen.

446 **DAVID O'CAOIMH IM WAKEDOCK WAKE PARK**

5 TAGESAUSFLÜGE
außerhalb von Dublin

451 **GLENDALOUGH**
Derrybawn, Glendalough
Co. Wicklow
www.glendalough.ie

Glendalough lohnt auf jeden Fall die einstündige Fahrt Richtung Süden (oder die ca. eine Stunde 20 Minuten, wenn man den St. Kevin's Busservice von St. Stephen's Green nutzt). Man bezeichnet die Gegend auch als »Tal der zwei Seen«. Es handelt sich hierbei um ein wunderschönes Gletschertal im County Wicklow mit vielen alten Klosteranlagen, einem Museum und einem Besucherzentrum.

452 **BRÚ NA BÓINNE**
Donore
Co. Meath
+353 (0)41 988 0300
www.worldheritageireland.ie/bru-na-boinne

Viele von Ihnen werden vielleicht bereits von Newgrange gehört haben (einem 5.000 Jahre alten Monument und Grabmal), aber die Gegend insgesamt heißt eigentlich Brú na Bóinne und umfasst nicht nur Newgrange, sondern auch zwei weitere historische Stätten namens Knowth und Dowth. Dazwischen liegt eine unglaubliche Anzahl megalithischer Stätten, was die Gegend zu einem der wichtigsten steinzeitalterlichen Orte in Europa macht.

453 **POWERSCOURT GÄRTEN UND WASSERFALL**
Powerscourt Estate,
Enniskerry
Co. Wicklow
+353 (0)1 204 6000
www.powerscourt.com

Die Gärten und der Wasserfall sind zwei unterschiedliche Bereiche eines riesigen Geländes (jedes mit eigenem Eintrittsgeld). Die Gärten erstrecken sich über eine Fläche von 19 Hektar und bestehen aus Waldstücken, Wanderwegen, Gewässern und mehreren Gartenanlagen (japanischer, Rosen-, ummauerter Garten). Der Wasserfallbereich befindet sich sechs Kilometer entfernt und besteht aus Wanderwegen, Picknickbereichen, einem Kiosk, Parkflächen und dem Wasserfall.

454 **VICTOR'S WAY**
Old Enniskerry Road,
Roundwood
Co. Wicklow
+353 (0)1 281 8505
www.victorsway.eu

Es ist gut möglich, dass Sie so etwas noch nie gesehen haben. Zwischen dem 15. April und 15. September ist dieser Park für Besucher geöffnet, die nichts mehr lieben als einen gemütlichen Spaziergang … zwischen riesigen Hindugöttern wie Shiva, Ganesh, dem Fährmann und vielen mehr. Informieren Sie sich vor Ankunft über die Webseite.

455 **TULACH A' TSOLAIS UND OULART HILL**
Oulart
Co. Wexford
www.oularthill.ie

Diese dreistündige Rundfahrt ist ein guter Tagesausflug voller Geschichte. Es stehen eine Reihe von Spaziergängen zur Wahl, ebenso zahlreiche heilige Steine, ein Geschichtenerzählerhaus mit offenem Feuer, Fr. Murphy's Well, eine Kirche, Überbleibsel der Schlacht des Aufstandes am Oulart Hill und Tulach a' tSolais selbst: ein atemberaubendes Kunstwerk, das 1999 im Gedenken an den Aufstand eröffnet wurde.

5 tolle
WANDERSTRECKEN

456 **DODDER WALK**
Von Clonskeagh über Milltown zum Einkaufszentrum Rathfarnham
Süd-Dublin ⑨
www.walkingroutes.ie/1161-Dodder-Trail.html

Clonskeagh ist ein hübscher Teil von Dublin, die Wanderung ziemlich leicht zu schaffen und größtenteils geradeaus. Die Gesamtstrecke beträgt fast fünf Kilometer. Man folgt dem Fluss Dodder, vorbei an zwei Parks (Darty und Bushy) – praktisch unmöglich, sich zu verlaufen.

457 **KLIPPENWANDERUNG IN HOWTH**
22 Balscadden Road
Howth
Nord-Dublin ⑧
www.irishtrails.ie/trail/Howth---Cliff-Path-loop/107

Der gut sechs Kilometer lange Küstenwanderweg ist ein National Loop Walk. Er beginnt am DART-Bahnhof in Howth, führt entlang der Klippen bis zur Spitze der Nose of Howth und über zwei Golfplätze wieder zurück. Ein sehr unebenes Terrain mit viel Wind, aber mit wunderbarem Blick und frischer Seeluft.

458 **TICKNOCK FAIRY CASTLE LOOP**
Dubliner Berge
Süd-Dublin ⑨
www.dublinmountains.ie/recreation_sites/ticknock

Lesen Sie sich die genaue Beschreibung auf der Webseite durch, um den richtigen Start- und Endpunkt der Wanderung hoch oben in den Dubliner Bergen zu finden. Die Route ist etwa fünfeinhalb Kilometer lang und kommt am Fairy Castle, dem Two Rock und dem Three Rock vorbei. Der Ausblick ist nicht zu übertreffen.

459 DONABATE–PORTRANE RUNDWANDERWEG
Fingal
Nord-Dublin ⑧
www.walkingroutes.ie/1866-Donabate-to-Portrane-Loop.html

Der Rundweg ist mit knapp über zwölf Kilometern länger als die anderen und führt an einigen tollen Stellen vorbei und umrundet zwei Golfplätze. Der Blick ist dabei spektakulär – etwa auf halber Strecke kann man bis nach Lambay Island schauen.

460 CARRICKGOLLOGAN WALDWANDERWEG
(BLEIMINENWEG)
Near Shankill
Co. Dublin
Süd-Dublin ⑨
www.coillteoutdoors.ie/index.php?id=173&rec_site=15&trail=20

Dieser kurze Rundweg mitten im Carrickgollogan Forest hat eine Gesamtlänge von ungefähr zwei Kilometern. Man steigt dabei zwar nur auf eine Höhe von 30 Metern, aber auf dem höchsten Punkt kann man den Sugar Loaf Mountain im Süden und von Westen nach Osten die Küstenorte Greystones, Bray und Killiney sehen. Bei einem kurzen Umweg kann man noch den Bleiminenschlot mitnehmen. Lesen Sie sich aufmerksam die Informationen auf der Webseite durch.

457 KLIPPENWANDERUNG IN HOWTH

5 Stadien für
SPORTFANS

461 **THE AVIVA**
Lansdowne Road
Süd-Dublin ⑨
+353 (0)1 238 2300
www.avivastadium.ie

Dieses prächtige Sportstadium ist der Stolz der ganzen Nation. Die einzigartige kelchförmige Arena wurde vom Architektenbüro Scott Tallon Walker entworfen und 2010 eröffnet. Es hat eine Kapazität von knapp über 57.000 Zuschauern und ist Heimat der irischen internationalen Rugby- und Fußballmannschaften.

462 **PARNELL PARK**
Donnycarney
Nord-Dublin ⑧
+353 (0)1 831 2099
www.dublingaa.ie

Parnell Park ist Heimat des Dublin GAA Hurling, Fußball und Camogie und fasst bis zu 13.500 Zuschauer. Hier finden jedes Jahr die All-Ireland Senior Hurling-Meisterschaften, die All-Ireland Senior Fußballmeisterschaften, der Railway Cup und die Dublin County Meisterschaften statt.

463 **RDS ARENA**
Merrion Road,
Ballsbridge
Süd-Dublin ⑨
+353 (0)1 269 3224
www.leinsterrugby.ie

Das RDS ist ein Mehrzweckstadion, das sowohl für die Dublin Pferdeshow und Ireland Comic Con genutzt wird als auch für Spiele des Vereins Leinster Rugby oder für Bruce-Springsteen-Konzerte. Seit 2005 finden auch Rugby Union Spiele statt, und seit 2007 ist es das offizielle Heimatstadion von Leinster.

464 CROKE PARK

Jones' Road,
Drumcondra
Nord-Dublin ⑧
+353 (0)1 819 2300
www.crokepark.ie/home

Dies ist das drittgrößte Stadion in Europa mit einer Kapazität von über 82.000 Zuschauern. Die Heimat der Gaelic Athletic Association besteht auf die ein oder andere Art und Weise schon seit 1880. Hier fand 1920 das Blutsonntag-Massaker statt. Die zwei wichtigsten Veranstaltungen sind die Meisterschaftsfinalspiele des GAA All-Ireland Fußballs und des Hurling.

465 DALYMOUNT PARK

Phibsborough
Nord-Dublin ⑧
+353 (0)1 868 0923
www.bohemianfc.com

Das 1901 eröffnete Stadion ist heute Heimat des League of Ireland Fußballteams Bohemian F.C. und hat eine Kapazität von 4.000 Sitzplätzen. Bis ins Jahr 2017 wurde es noch mit den Nord-Dublin-Rivalen Shelbourne F.C. geteilt, momentan aber umgebaut. Voraussichtliches Ende dieser Arbeiten ist 2020, wenn das Stadion auf 10.000 Sitzplätze aufgestockt sein wird.

461 THE AVIVA

FINN'S
HOTEL

35 BUNT ZUSAMMEN-GEWÜRFELTE FAKTEN UND EIGENARTEN DER STADT

5 MERKWÜRDIGE SEHENSWÜRDIGKEITEN

466 **PLAKETTE VON FATHER PAT NOISE**
O'Connell Bridge
O'Connell Street & Die Quays ④

Er klingt fast wie eine Figur aus Father Ted … oder ist diese Plakette etwa einem echten Priester gewidmet? Weder noch. Father Pat Noise ist ein erfundener Charakter und die Plakette, die von zwei ausgefuchsten Brüdern angebracht wurde, ist gefaked. Welch ein Aufwand! Die Stadtverwaltung hat die Plakette einmal entfernt, kurz darauf war sie wieder da.

467 **DODDER-NASHORN**
In der Nähe des Dropping Well Pubs in Milltown
Süd-Dublin ⑨

Kein echtes Nashorn, sondern eine lebensgroße Bronzestatue mitten im Fluss Dodder, direkt unter der Classon's Bridge. Die Statue tauchte 2002 einfach auf, und keiner will die Verantwortung übernehmen. Auf jeden Fall ein tolles Fotomotiv.

468 **RIESIGES EICHHÖRNCHEN**
AN DER WAND DES WORKSHOP GASTROPUBS
10 Georges Quay
O'Connell Street & Die Quays ④

Ein großes Eichhörnchen, das anders ist. Es wurde von Umweltkünstler Artur Bordalo aus Müll gefertigt. Das beinah drei Stockwerke große Kunstwerk ist eine beinahe erdrückende Installation, von der man sich erhofft, dass sie auf den Untergang des irischen Nationaltieres aufmerksam macht.

469 GULLIVERS-REISEN-BILDERRAHMEN

58 Golden Lane
Kilmainham & Liberties ⑤

Da Jonathan Swift ein Kind der Stadt ist, ist auch »Gullivers Reisen« ein Werk Dublins. Die bekanntesten Geschichten daraus wurden mit einer Reihe von gerahmten Bildern unsterblich gemacht. Es gibt insgesamt acht, individuell eingerahmt in einem kreisrunden Rahmen aus braunen Terrakottafliesen, jedes mit einer Szene aus dem ersten Teil des Buches.

470 RORY GALLAGHERS GITARRE

Rory Gallagher Corner, Meeting House Square
Temple Bar ③

Auch Jimi Hendrix war ein großer Fan von Rory Gallagher, der, wenn er spielte, alles gab. Es wurde sogar behauptet, er hätte beim Spielen die Farbe von einer seiner ersten Gitarren runtergeschwitzt. Diese Gedenk-Fender ist jedoch noch ganz gut in Form! Am besten hören Sie sich die Songs »Crest of a Wave« und »A Million Miles Away« an. Atemberaubend!

470 RORY GALLAGHERS GITARRE

5 *seltsame historische*
BESONDERHEITEN

471 **DIE FUSSABDRÜCKE VON KÖNIG GEORG IV.**
16 West Pier, Howth
Nord-Dublin ⑧

Dieser extravagante König, einst Herrscher über das Vereinigte Königreich und Irland, hinterließ seine Spuren im Zement des Howth Piers. Er kam hier 1821 gut gelaunt zu seinem 59. Geburtstag an (mit anderen Worten:, komplett besoffen) und wurde freundlich von den Einheimischen begrüßt. Seine Ankunft wurde dann wortwörtlich in Zement gegossen. Sollten Sie die Stelle übersehen haben, keine Sorge. Seine Füße waren wirklich sehr klein.

472 **NAPOLEONS ZAHNBÜRSTE**
IM RCPI HERITAGE CENTRE, SETANTA HOUSE
1 Setanta Place
St. Stephen's Green & Grafton Street ②
+353 (0)1 863 9700
www.rcpi.ie/heritage-centre

Als Napoleon in Verbannung auf St. Helena lebte, wurde der Ire Barry Edward O'Meara zu seinem Leibarzt auserkoren. Als Dank für die Freundschaft gab ihm Napoleon eines seiner letzten Besitztümer. Sie haben es bereits erraten: seine Zahnbürste!

473 THE FIGURE OF COURAGE – EINSCHUSSLÖCHER

O'Connell Street
O'Connell Street & Die Quays ④

Die Daniel-O'Connell-Statue ist ein Andenken an den irischen Politiker, der für die katholische Emanzipation geworben und versucht hat, den Act of Union aufzukündigen. Trotz seiner Abscheu gegenüber Gewalt wurde seine Statue während des Osteraufstandes 1916 von Kugeln durchsiebt. Genauso wie die geflügelte Figure of Courage unter ihm – mit großem Einschussloch mitten in der Brust.

474 STARTPUNKT DES JAKOBSWEGES

St. James's Gate
Kilmainham & Liberties ⑤
+353 (0)85 781 9088
www.caminosociety.ie

Der Jakobsweg ist eine Pilgerroute, die auf vielen Wegen bis zur Kathedrale nach Santiago de Compostela in Galicien im Nordwesten Spaniens führt. Eine der Routen beginnt in Dublins St. James's Church, wo man auch den Pilgerausweis erhält. Halten Sie Ausschau nach der blau-gelben Jakobsmuschel, das Symbol des Jakobswegs.

475 HERZ-JESU-ORATORIUM

Library Road
Süd-Dublin ⑨
+353 (0)87 226 5013
www.dunlaoghaire.ie/ttd/the-oratory

Zum Ende des Ersten Weltkrieges stiftete eine französische Kirchengemeinde eine Herz-Jesu-Statue für den damals noch Kingstown genannten Ort (heute Dun Laoghaire), um der irischen Truppen zu gedenken, die in Flandern gefallen waren. Die Statue wurde in einem Oratorium aufgestellt, das von Schwester Concepta Lynch farbenfroh angemalt und mit Harry Clarkes' Buntglasscheiben ausgekleidet wurde. Ein gut erhaltenes Meisterwerk, das nur zu bestimmten Zeiten im Jahr für die Öffentlichkeit zugänglich ist.

5 *faszinierende*

GEISTERSCHILDER

476 **THE SICK AND INDIGENT ROOMKEEPERS SOCIETY**
2 Palace St
St. Stephen's Green & Grafton Street ②

Diese Gesellschaft ist der älteste wohltätige Verein Dublins. Heute befindet er sich in der Leesen Street, doch früher war er an dieser Adresse, in der Palace Street, ansässig – übrigens die kürzeste Straße in Dublin. Hier findet man als Überbleibsel eines der schönsten Geisterschilder der Stadt. Die eher ungewöhnlichen, original erhaltenen Buchstaben bedecken die gesamte Fassade des Gebäudes.

477 **READS CUTLERS**
4 Parliament St
Temple Bar ③
www.readscutlers.com

Diese Adresse hat eine große historische Bedeutung, denn hier befand sich Dublins ältestes Geschäft. Als es 1670 eröffnet wurde, verkaufte man Tafelsilber, Schwerter und Instrumente. Draußen ist das Ladenschild immer noch zu sehen, und das Innere des perfekt erhaltenen Gebäudes steht unter Denkmalschutz. Es sind keine Besucher zugelassen, aber die Webseite zeigt ein paar faszinierende Bilder.

478 SWITZERS & CO

Über Brown Thomas
Grafton Street
St. Stephen's Green & Grafton Street ②

Über Brown Thomas auf der Wicklow-Street-Seite des Gebäudes befindet sich eine kleine, grün-goldene Plakette, auf der »Switzers & Co. Ltd« geschrieben steht. Kurz bevor Brown Thomas das Unternehmen Switzers im Jahr 1990 erwarb, war es ein erfolgreiches Luxuswarengeschäft gewesen, das während seines Wachstums sechs kleinere Läden übernommen hatte.

479 THE COMBRIDGE GALLERIES & LITTLE MIDSHIPMAN

Über dem Bailey Pub
Duke St
St. Stephen's Green & Grafton Street ②

Auf dem Sims über dem berühmten Bailey Pub befindet sich ein Schild, auf dem »The Combridge Galleries« steht. Darunter gibt es einen dekorativen *Midshipman* (ein Offiziersrang in der Royal Navy). Die Combridge Gallery war in der Tat ein Geschäft, das Bücher und Kunstgegenstände führte. Es wurde 1836 eröffnet und schloss im Jahr 2012 für immer seine Türen, nachdem es Opfer der Rezession geworden war.

480 FINN'S HOTEL

Leinster St South
Trinity College & Altstadt ①

Folgen Sie dem Zaun des Trinity Colleges die Nassau Street hinunter in entgegengesetzter Richtung zur Grafton Street und schauen Sie nach oben, bis Sie das Schild entdecken: Jeder der Buchstaben ist acht Backsteine hoch. Das Hotel wurde von den Eheleuten Tipperary geführt. Hier hat Nora Barcle, die spätere Mrs. James Joyce und seine Muse, gearbeitet, als sich die beiden 1904 kennenlernten.

5 LIEDER
über Dublin

481 **DUBLIN IN THE RARE OULD TIMES**
THE DUBLINERS

Geschrieben von Komponist und Produzent Pete St. John, hat sich diese typische altirische Ballade zu einem der bekanntesten Songs über Dublin entwickelt. Es ist ein Lied über Reue und Verlust und ein Rückblick auf die besseren Tage der Jugend. Erschienen ist es auf dem The-Dubliners-Album »Together Again« aus dem Jahr 1979.

482 **ON RAGLAN ROAD**
LUKE KELLY

Diese wunderschöne Ballade wurde vom Dichter Patrick Kavanagh geschrieben und von Luke Kelly in Liedform gebracht, Gründungsmitglied von The Dubliners. Kelly verwendete hierzu die Musik der traditionellen Nummer »The Dawning of the Day« und passte sie Kavanaghs Worten an. Das Ergebnis heißt »On Raglan Road«, ein beeindruckendes Stück Musikgeschichte.

483 **BAD**
U2

Bevor Michael Jackson sein »Bad« 1987 auf die Massen losließ, veröffentlichten U2 bereits 1984 diese klassische Nummer selben Namens. Bono schrieb den Text des schwer verdaulichen Songs über Heroinsucht im innerstädtischen Dublin der 80er-Jahre. Auch heute noch wird das Lied regelmäßig bei Livekonzerten angestimmt.

484 **RAT TRAP**
BOOMTOWN RATS

Im Gegensatz zu den anderen Interpreten in dieser Liste waren die Boomtown Rats nie wirklich cool, aber dieser Ohrwurm mit seinem tollen Bass und dem Saxofonsolo handelt vom Gefangensein in einer deprimierenden Stadt – wir schätzen mal, sie meinten damit Dublin. Produziert von Mutt Lange, wurde der Song 1978 veröffentlicht und schoss im Vereinigten Königreich direkt auf Platz eins.

485 **OLD TOWN**
PHIL LYNOTT

Dies war die Leadsingle auf Lynotts zweitem Album, das er 1982 nach seinem Ausscheiden aus der Band Thin Lizzy, Irlands allerbesten Rockband, veröffentlichte. Im Lied geht es um das Ende einer Beziehung. Das Video wurde im gesamten Dubliner Stadtzentrum gedreht und zeigt eine Reihe bekannter Sehenswürdigkeiten wie die Ha'Penny Bridge.

5 DUBLIN-BÜCHER
zum Schmökern

486 **DUBLINER**
JAMES JOYCE

Genug von »Ulysses« (1922) und »Jugendbildnis des Dichters« (1916), denn Joyces Kurzgeschichtensammlung »Dubliner« (1914) ist eindeutig sein Meisterwerk. Mit Fokus auf die irische Mittelklasse in und rund um Dublin geht es in den 15 Geschichten um Freundschaft, Liebe, Reue, Herzschmerz, Witz und Religion. Die letzte herzzerreißende Kurzgeschichte »Die Toten« wird von vielen als die beste der Sammlung gehandelt; sie wurde 1987 zu einem Oscar-nominierten Film verarbeitet.

487 **AUF SCHWIMMEN-ZWEI-VÖGEL**
FLANN O'BRIEN

Dieses 1939 erschienene Buch wurde lange Zeit als Flann O'Briens (echter Name: Brian O'Nolan) Meisterstück angesehen. Eine sehr irische Geschichte, die sich mit den kleinen Dingen des Lebens befasst, während eine Bewusstseinsstrom-Erzählweise später im Roman die Geschichte in alle Richtungen zieht. Keine leichte Kost, aber sehr lohnenswert zu lesen.

488 **GINGER MAN**
JAMES PATRICK DONLEAVY

Der Roman »Ginger Man« des irisch-amerikanischen Schriftstellers J. P. Donleavy wurde ursprünglich 1955 in Paris veröffentlicht, anschließend aber in Irland wegen Obszönität verboten. Die Geschichte spielt in den Vierzigern in Dublin und handelt von Sebastian Dangerfield und seinen seltsamen Anwandlungen. Das Buch hat sich bis heute 45 Millionen Mal verkauft und wird immer wieder neu aufgelegt.

489 **MELMOTH DER WANDERER**
CHARLES MATURIN

Maturin schrieb eine Reihe von erfolgreichen Schauerromanen und Theaterstücken. Victor Hugo und Alexandre Dumas zählten zu seinen Bewunderern. »Melmoth der Wanderer« (1820), sein bestes Werk, dreht sich um einen jungen Dubliner Studenten namens John Melmoth, der, nachdem er dem Teufel seine Seele im Austausch für weitere 150 Lebensjahre verkauft hat, die Aufgabe hat, den Pakt an jemand anderen weiterzureichen.

490 **STADT DER VERLORENEN**
JAMES PLUNKETT

Dieser historische Roman aus dem Jahr 1969 handelt von den Jahren vor und nach dem Dublin Lockout (1913). Ein weit ausholendes Epos, das das Leben von Dutzend Charakteren beleuchtet und zwischen den Jahren 1907 und 1914 hin- und zurückspringt. Hier geht es darum, wie die Stadt die Figuren formt und wie im Gegenzug die Figuren die Stadt um sie herum formen. Ein Klassiker.

5 FILME,
in denen Dublin auch eine Rolle spielt

491 **DIE COMMITMENTS, THE SNAPPER, FISCH & CHIPS**
1991/1993/1996

Diese Trilogie zeigt Roddy Doyles unglaublich charismatische Barrytown-Romane in einer Reihe von Filmen, die nacheinander in den 90er-Jahren erschienen sind. Alle drei Filme wurden in und rund um Dublin gedreht. Die Alltags-Szenarien an der Küchenspüle drehen sich um das Leben in Dublin und sind oft herrlich eingefärbt mit dem von Doyles gut beobachteten Lokalkolorit.

492 **ADAM & PAUL**
2004

Adam und Paul könnten Sinnbild sein für jeden einzelnen Heroinabhängigen in Dublin (eine furchtbare Sucht, die die Stadt unter Kontrolle zu bekommen versucht). Sie sind beide nicht wirklich liebenswert, aber verleihen einer Bevölkerungsgruppe eine Stimme, die normalerweise keine hat. Auf gewisse Weise kann man bei diesem seltsam tragischen Freundschaftsfilm sogar Mitleid empfinden angesichts ihrer unermüdlichen Verzweiflung.

493 INTERMISSION
2003

An diese Krimikomödie erinnert man sich wahrscheinlich vor allem wegen zwei Dingen: erstens Colin Farrells unvergesslicher Rolle als manischer Gangster Lehiff auf der Flucht vor dem nicht weniger manischen Polizisten Lynch (hervorragend gespielt von Colm Meaney). Und zweitens der Angewohnheit, braune Sauce in den Tee zu schütten.

494 MEIN LINKER FUSS
1989

Dieser Film war Sheridans erster Spielfilm und gleichzeitig der erste von drei unglaublich wichtigen und einflussreichen irischen Filmen (die anderen heißen »Das Feld« und »Im Namen des Vaters«). Dies war ein großer Durchbruch nicht nur für Sheridans Karriere, sondern auch für den Schauspieler Daniel Day-Lewis, der dank seiner mit Oscar-prämierten Darstellung des gelähmten Christy Brown weltberühmt wurde.

495 SING STREET
2016

»Sing Street« war bei seiner Erstveröffentlichung in Dublin ein Überraschungshit, und das aus gutem Grund. Trotz der leichten, ziemlich vorhersehbaren Handlung verfügt der Film über jede Menge Herz, tolle Charaktere und, noch viel wichtiger, ein paar echte Ohrwürmer. Es geht dabei um die gute alte Geschichte eines Jungen, der in den 80ern eine Band starten will, um das Herz eines Mädchens zu gewinnen. Urkomisch und ernst und dabei voller Spaß.

5 *wichtige*
TIPPS FÜR REISENDE

496 AIRCOACH
www.aircoach.ie

Der Aircoach ist im Prinzip die einzige Möglichkeit, von der Stadt zum Flughafen und zurück zu reisen. Es ist preislich in Ordnung, und Dublin ist auch nicht besonders groß, sodass man schnell da ankommt, wo man hinwill. Ein Aircoach-Verkaufsschalter und die Haltestelle finden sich direkt vor den Türen des Flughafenterminals. Auf der Webseite finden Sie die aktuellen Abfahrtszeiten.

497 TRINKGELDER UND PREISE

Trinkgelder gehören in Restaurants zum Standard. Man sollte ungefähr zwölf Prozent des Rechnungsbetrags aufschlagen. Die meisten Gäste rechnen zehn Prozent hinzu und geben noch etwas obendrauf. Überprüfen Sie jedoch vorher auf der Rechnung, ob der Betrag nicht bereits auf den Gesamtpreis aufgeschlagen wurde. Trinkgelder für Taxifahrer sind nicht üblich und werden nicht erwartet. Wenn Sie günstig einkaufen möchten, halten Sie sich von der Grafton Street fern. Für einen preiswerten Drink suchen Sie sich einen Pub außerhalb von Temple Bar.

498 LEAP CARD

Wenn Sie in London gelebt oder einen Städtetrip dorthin gemacht haben, kennen Sie sicherlich die Oyster Card. Die Leap Card funktioniert nach demselben Prinzip: Sie kaufen die Karte, laden Sie mit Guthaben auf und nutzen sie dann in allen DARTs, Bussen und Luas (Trams). Am besten besorgen Sie sich die Leap Card gleich zu Beginn Ihres Aufenthalts – ohne die Karte kann die Nutzung öffentlicher Verkehrsmittel teuer werden.

499 ERMÄSSIGUNGEN

Fast alle Attraktionen und Dienstleistungen in Dublin bieten eine Form von Ermäßigung für Pensionäre, Sozialleistungsempfänger und Studenten an. Solange Sie mit dem entsprechendem Lichtbildausweis unterwegs sind, sollten Sie keine Schwierigkeiten bekommen. Apropos: Nehmen Sie abends Ihren Personalausweis mit. Einige Bars/Clubs sind nach Mitternacht sehr streng und können nach Gutdünken ein Mindestalter von 26 oder sogar 28 Jahren vorschreiben.

500 WLAN

www.wifispc.com

In Cafés wie Starbucks können Sie sich im Internet aufhalten, so lange Sie wollen, vorausgesetzt, Sie konsumieren etwas. Wo Sie hingegen in Dublin WLAN frei zugänglich nutzen können, hat jemand auf einer Webseite mit Karte festgehalten. Der hier angegebene Link zeigt Ihnen den Weg zu dieser App für Ihr Smartphone.

INDEX

IMPRESSUM

DEUTSCHE AUSGABE © 2019 BRUCKMANN VERLAG GMBH, MÜNCHEN

AUTOR – Shane O'Reilly

FOTOS – Sam Mellish

COVERFOTO – Regenschirme in Anne's Lane, Bartosz Luczak/Shutterstock

LAYOUT – Joke Gossé, Tinne Luyten, Sarah Schrauwen

DEUTSCHE ÜBERSETZUNG – Silke Elzner

PROJEKTLEITUNG – Annika Wachter

LEKTORAT – Helga Peterz

KORREKTORAT – Katja Wetzel

HERSTELLUNG – Alexander Knoll

Printed in Slovenia by Florjancic

ISBN 978-3-7343-1456-8
© 2017 Luster, Antwerpen, 2. Nachauflage: Juni 2018
www.the500hiddensecrets.com

★★★★★

Sind Sie mit diesem Titel zufrieden? Dann würden wir uns über Ihre Weiterempfehlung freuen. Erzählen Sie es im Freundeskreis, berichten Sie Ihrem Buchhändler oder bewerten Sie bei Onlinekauf. Und wenn Sie Kritik, Korrekturen, Aktualisierungen haben, freuen wir uns über Ihre Nachricht an: Bruckmann Verlag, Postfach 40 02 09, D-80702 München, oder per E-Mail an: lektorat@verlagshaus.de.

Unser komplettes Buchprogramm finden Sie unter www.bruckmann.de

Die Deutsche Nationalbibliothek verzeichnet diese Publikation in der Deutschen Nationalbibliografie; detaillierte bibliografische Daten sind im Internet über http://dnb.d-nb.de abrufbar.